नारी स्मिता

राम प्रताप सिंह

BE BOLD WHAT YOU STAND FOR

यह रचना भारत की उन आम नारियों को समर्पित है जो आज भी अपनी अस्मिता के लिए संघर्षरत हैं |

क्रम-सूची

क्रम-सूची

प्रस्तावना

“नारी-अस्मिता “ एक आम नारी के पहचान की कहानी है | जी हाँ , ये भारत की उन नारियों की कहानी है जो आपको अंदर तक हिला देगी और सोचने पर मजबूर कर देगी कि क्या भारत जैसे देश में नारियों के साथ ऐसा भी अत्याचार हुआ है कि मजबूर होकर उन्हे अपराध का रास्ता अपनाना पड़ा |उनमे से कुछ नारियां ऐसी भी रही हैं जिन्होंने समाज की मुख्य धारा में जुडने का प्रयास किया परंतु ज्यादातर तो अपराध का रास्ता अपनाकर वहीं मर खप गई और कुछ आज भी संघर्ष कर रही हैं |

पुरुष ने नारी को हमेशा कमतर आँका है पर नारी पुरुष से कहीं अधिक सहनशील, दृढ़निश्चयी और कर्मठ है | इस कहानी को लिखने का उद्देश्य सिर्फ यही है कि हम किसी की सिर्फ सुनी सुनाई बातों पर भरोसा करके किसी नारी के चरित्र का आकलन न करें बल्कि उन हालातों को भी जानने का प्रयास करें कि उन्होंने ऐसा व्यवहार क्यों किया जो समाज और कानून की नजरों में अपराध था |

इस कहानी संग्रह की ज्यादातर नारियों ने अपराध का रास्ता अपनाया और इसके लिए कहीं न कहीं पुरुष सत्तात्मक समाज और सामाजिक व्यवस्था जिम्मेदार थी | साथ ही सरकार की वह व्यवस्था भी जिम्मेदार थी जहां न्याय का पूर्ण अभाव था | जब उन नारियों ने अपराध का रास्ता छोड़ कर समाज की मुख्य धारा में जुड़ना चाहा वहाँ भी उन्हे खुले दिल से समाज ने स्वीकार नहीं किया | यही नारी अस्मिता का प्रश्न आज भी मुंह बाये खड़ा है और नारियों का संघर्ष अपनी पहचान और स्वाभिमान के लिए अब भी जारी है | इसके लिए नारियों को पुरुषों के बराबर ही शिक्षा और समान अधिकार की जरूरत है | देश के क़ानून में तो शिक्षा और सामान अधिकार की बात कही गई है पर जमीनी स्तर पर इसका प्रभाव पूरी तरह दिखाई नहीं देता | यह समाज की संकीर्ण विचारधारा का नतीजा है | महिलाओं की प्रतिभा तभी निखरेगी जब उन्हें सुअवसर मिलेगा और यह तभी संभव है जब समाज की मानसिकता बदले | यदि इस कहानी संग्रह को पढ़ कर किसी

की सोच में जरा भी बदलाव आता है तो मैं समझूँगा कि इस कहानी को लिखने का मेरा प्रयास सफल रहा | लेखक से पत्र व्यवहार का पता

rps1959@gamil.com Mobile No 7000153809

भूमिका

राम प्रताप सिंह भारतीय सेना, मैकनाइज्ड इनफेन्ट्री रेजीमेंट व सीमा सुरक्षा बल में एक सैन्य अधिकारी थे | उन्हे सैन्य सेवा का 36 वर्षों का अनुभव है| अपनी सेवा काल के दौरान उन्हे भारत-पाकिस्तान व भारत -बांग्लादेश सीमा में कार्य करने का अनुभव है | इसके अलावा उन्होंने अंग्रेजी साहित्य, विधि,मानव अधिकार, बिजनेस एडमिनिस्ट्रेशन, सायबर लॉ , लेबर लॉ में मास्टर्स डिग्री व डिप्लोमा हासिल किया है | सैन्य सेवा से मुक्त होने के बाद वो एक कंपनी में प्रशासनिक व सुरक्षा अधिकारी रहे| उन्होंने वकालत का पेशा भी अपनाया | अब वह अपना पूरा समय पठन-पाठन व लेखन में देते हैं | नारी-अस्मिता हिन्दी भाषा मे लिखा गया उनका बीसवाँ उपन्यास है |

14 फरवरी 1981 की घटना है | समाचार पत्रों में पढने को मिला कि डकैत फूलन देवी ने उत्तर प्रदेश के बेहमई गाँव के 22 ठाकुरों की गोली मार कर हत्या कर दी | सेना में सेवा करते हुए मुझे एक साल ही हुए थे | मुझे बड़ा आश्चर्य हो रहा था कि देश में इतनी बड़ी सेना और पुलिस के होते हुए एक महिला इतनी ताकतवर कैसे हो सकती है कि वह लोगों की हत्या करने पर उतर आये | उससे भी ज्यादा आश्चर्य तो तब हुआ जब 1996 में फूलन देवी मिर्जापुर से चुनाव लड़ कर भारत के संसद में भी पहुँच गई| फूलन देवी के बारे में जानने की मेरी जिज्ञासा ज्यों की त्यों बनी रही | सेना से सेवा निवृति के पश्चात जब मैंने अतीत की यादों को खंगाला तो फूलन देवी का चेहरा उभर कर मेरे सामने आया और मैं फूलन देवी के बारे में जानकारी इकट्ठा करने में जुट गया | इसी दरमियान फूलन देवी की तरह अन्य नारियों के बारे में भी खोजबीन किया और पाया कि हमारे देश में नारियों के साथ किसी न किसी रूप में असज भी अत्याचार जारी है |इस तरह मैंने इस कहानी संग्रह का नाम दिया "नारी अस्मिता" |

नारी-अस्मिता भारत की उन नारियों की कहानी है जिन्हे अपने जीवन में घोर विपत्तियों का सामना करना पड़ा | जीवन के पथ में वो हर

कदम पर संघर्ष करती रहीं |विपरीत परिस्थितियों के बावजूद भी उन्होंने अपना हौसला कम नहीं होने दिया | वो अपने जीवन और अस्मिता के लिए जद्दोजहद करती रहीं | परिवार से ,समाज से, उन्हे घोर उपेक्षा और प्रताड़ना सहने को मिली |मजबूर होकर उन्हे अपराध की बदनाम जिंदगी को अपनाना पड़ा | कुछ तो सफल हो गईं और कुछ संघर्ष करती रही | उन्होंने अपनी अस्मिता के लिए संघर्ष जारी रखा जो आज भी जारी है |लेखक से पत्र व्यवहार का पता –Email : rps1959@gmail.com Mobile No 91-7000153809.

पावती (स्वीकृति)

आशा मैं तुम्हारा तहेदिल से शुक्रगुजार हूँ , तुमने मेरे हर पल को अपनी सेवा और प्यार से आनंदमय बनाया |

1

नारी अस्मिता

अस्मिता शब्द प्रमुखतः 20 वीं शताब्दी से प्रचलन में आया है | एक विचारधारा के रूप में, एक अवधारणा के रूप में इसका प्रयोग आधुनिक युग की देन है| अभिधात्मक दृष्टि से अस्मिता का सामान्य अर्थ है- अपने आप की पहचान, अपने 'स्व' की पहचान, 'अहंकार', 'स्वाभिमान','गर्व', अथवा 'अपनी सत्ता बोध' इत्यादि | लेकिन जब इसका प्रयोग अवधारणा के रूप में किया जाता है तब इसके अनेक निहितार्थ सामने आते हैं | मानक हिन्दीकोश में अस्मिता का अर्थ – 'मन' का यह भाव या मनोवृत्ति कि मेरी एक पृथक और विशिष्ट सत्ता है अर्थात 'मैं हूँ' 'अहंभाव', अभिमान, अहंकार और घमंड है |

अस्मिता 'वैक्तिकता'(Individuality) तथा 'पहचान'(Identity) से सम्बंधित है| दरअसल यह एक आत्मपहचान है, स्वत्व है जिसके माध्यम से व्यक्ति अपनी इतिहास , परम्परा सामाजिक एवं सांस्कृतिक समझ के तहत अपने को पहचान लेता है और हर किसी सन्दर्भ का मूल्यांकन करता है |

नारी के केंद्र में 'अस्मिता' केन्द्रीय धुरी है जिसने सदियों से हाशिये पर पड़ी स्त्री को बहस के केंद्र में ला दिया है। स्त्री-पुरुष में जैविक भेद तो प्रकृति प्रदत्त है , लेकिन लैंगिक भेद के कारण किसी व्यक्ति की अस्मिता को एक सीमा तक ही दबाया जा सकता है , अवसर पाते ही वह अपनी अस्मिता(पहचान), अपने अस्तित्व के लिए संघर्ष कर उठता

है, फिर स्त्री तो इस पावन धरा की मानवी और बौद्धिक प्राणी है तो उसकी अस्मिता को बलपूर्वक कब तक दबाया जा सकता है ? वर्षों से सुषुप्तावस्था में पड़ा 'आधी आबादी' का भाव जाग उठा और वह इतने प्रखर रूप में हमारे सामने आया कि दुनिया में स्वयं को स्थापित कर दिया। स्त्री-विमर्श के केंद्र में 'स्त्री अस्मिता' इसी भाव से परिचालित है।

वास्तव में स्त्री अस्मिता क्या है ? एक स्त्री का अस्तित्व, उसकी अपनी पहचान। उसका यह अस्तित्व, उसकी यह पहचान समाज में किसके द्वारा तथा किन मापदंडों द्वारा और कैसे निर्धारित की जायेगी ? क्या उसका मूल्यांकन स्वयं स्त्री करेगी या फिर पुरुष या दोनों मिलकर करेंगे ? यदि स्वयं स्त्री अपनी अस्मिता स्थापित करती है तो वह एक हद तक सही है, किन्तु यदि पुरुष उसकी अस्मिता का मूल्यांकन करेगा तो निश्चय ही उस अस्मिता का कोई अस्तित्व नहीं रह जाएगा। क्योंकि पुरुष के द्वारा नारी का चरित्र अधिक आदर्श बन सकता है, परन्तु अधिक सत्य नहीं, विकृति के अधिक निकट पहुंच सकता है, यथार्थ के अधिक समीप नहीं। इस सन्दर्भ में महादेवी वर्मा के वक्तव्य को उदधृत करना समीचीन प्रतीत होता है कि- "हमें न जय चाहिए, न किसी से पराजय; न किसी पर प्रभुता चाहिए, न किसी का प्रभुत्व। केवल अपना वह स्थान, वे स्वत्व चाहिए जिनका पुरुषों के निकट कोई उपयोग नहीं है, परन्तु जिनके बिना हम समाज का उपयोगी अंग बन नहीं सकेंगी। हमारी जागृत और साधन संपन्न बहिनें इस दिशा ने विशेष महत्त्वपूर्ण कार्य कर सकेंगी, इसमें सन्देह नहीं।"

पितृसत्ता हजारों साल से चली आ रही ऐसी व्यवस्था है जिसमें स्त्री पुरुष के अधीन रहती है। " पितृसत्ता ने स्त्री को उपभोग की वस्तु बनाया। उसे साधन के रूप में प्रयुक्त किया- उसके नाम, रूप, जाति, गोत्र सब अपने सन्दर्भ में परिभाषित किए।" पुरुष ने स्त्री के जीवन, उसकी कार्यशैली एवं उसकी सत्ता को निर्धारित की। स्त्री की भी एक अलग पहचान है, उसकी एक सामाजिक स्थिति है और वह अपने जीवन के निर्णय लेने में सक्षम हैं, इस तथ्य को पुरुष स्वीकार नहीं करता। स्त्री को निर्णय लेने का अधिकार नहीं है। पुरुष की सांस्कृतिक सत्ता ने स्त्री को वह सामाजिक सुविधा नहीं दी, जो कि परंपरा से पुरुष को मिलती रही।

स्त्री एक जीव के रूप में जन्म लेती है, किन्तु पुरुष की सभ्यता और सत्ता के प्रति अपना सब कुछ समर्पित करती है। फिर भी पुरुष की अमानवीय हरकतों का वह सदियों से शिकार होती आ रही है।

पितृसत्ता के पास प्रारम्भ से ही जबरदस्त भौतिक अधिकार रहा जिसके बल पर समस्त बौद्धिक और वैचारिक शक्तियों को उसने नियंत्रित कर लिया। पितृसत्तात्मक व्यवस्था स्त्रियों को अपने अधीन बनाए रखने के लिए तमाम तरह की नियमों एवं सामाजिक संहिताओं का निर्माण करती है | स्त्री-अस्मिता उस व्यवस्था की जकड़ से बाहर निकलने की, अपनी जगह तलाशने, अपने स्वतंत्र व्यक्तित्व को बनाए रखने के लिए किए गए संघर्ष और प्रयास का प्रतिफलन है | इस क्रम में उसे अनेक परेशानियों, अवरोधों एवं प्रश्नों का सामना करना पड़ता हैं। फिर भी वह अपने लक्ष्य की तरफ, आधुनिकता की तरफ अग्रसर है।

'स्त्रीअस्मिता' एक व्यापक संकल्पना है जिसके तहत प्रत्येक महिला को उसकी शारीरिक और बैद्धिक क्षमता के विकास, प्रदर्शन और प्रयोग पर पूरी आधिकारिता प्राप्त है। वस्तुतः प्रकृति द्वारा दी गई खूबियों और सौन्दर्य को अपने सम्मान और आत्मसंयम के हिसाब से इस्तेमाल करना प्रत्येक व्यक्ति का जन्मजात अधिकार है। लेकिन विकास और शक्ति की दौड़ में थोड़ा आगे निकले समूह हमेशा अपने पीछे आने वाले वर्गों के अधिकारों का अतिक्रमण करते हैं। वैश्विक आबादी का 'आधा हिस्सा' इसी विडम्बनापूर्ण अन्याय का शिकार है। इसी 'अन्याय' को दूर करने के लिए साहित्य में 'स्त्रीअस्मिता', 'स्त्रीविमर्श', 'दलितविमर्श', 'आदिवासीविमर्श' इत्यादि परिचालित हो रहे हैं। स्त्री-अस्मिता के संबंध में स्त्री की स्थिति में सुधार लाने के लिए व्यक्तिगत नहीं बल्कि सामाजिक व्यवस्था में परिवर्तन लाना होगा| वैसे स्त्री अपनी स्थिति को पहचान रही है, अपनी अवस्था को स्वयं आवाज़ दे रही है और खुद महसूस कर रही है कि अपने अधिकार की लड़ाई उसे खुद लड़नी है | "यह सतही ढंग से नहीं बल्कि आक्रमक भाव से स्त्री की अस्मिता, स्त्री की पहचान, स्त्री की शक्ति, स्त्री की लड़ाई और उससे जुड़े तमाम सवालों को लेकर है।"

वस्तुतः 'स्त्री-अस्मिता' का प्रश्न सीधा महिला सशक्तिकरण से जुड़ा है , जिसमे महिलाओं को पुरुषों के समकक्ष राजनैतिक, वैधानिक, मानसिक, आर्थिक एवं सामाजिक क्षेत्रों में अपने परिवार, राष्ट्र और संस्कृति की पृष्ठभूमि में निर्णय लेने की स्वायत्तता शामिल है। महिलाओं को उनका सही स्थान पाने के लिए सबसे पहली शर्त यह होगी कि उन्हें समानता के धरातल पर 'न्याय' उपलब्ध हों, यथार्थ के धरातल पर समानता स्थापित हों। तभी विश्व की 'आधी आबादी' समाज के, देश के, विश्व के प्रभावी विकास में अपना अमूल्य योगदान कर पायेगी। दुनिया की महिलाओं की असमान दशा को दूर करने के लिए देश की शासनसत्ता चाहे जीतने कानून-नियम बना ले,विमर्श कर ले, लेख लिख ले, जोशीले नारे लगा लें, कुछ भी सकारात्मक परिवर्तन नहीं आएगा।

'स्त्री-अस्मिता' के प्रश्न पर समाज के विभिन्न घटकों के मध्य व्यापक आवर्त एवं जटिलताएं विद्यमान है। भले ही स्त्री-पुरुष एक दूसरे के पूरक हों , किन्तु वर्तमान समय में दोनों का स्वतंत्र अस्तित्व एवं अस्मिता कहीं भी नज़र नहीं आती। जब भी समाज में स्त्री की अस्मिता या सशक्तिकरण का जिक्र होता है तो- 'यत्र नार्यस्तु पूज्यंते रमंते तत्र देवता' जैसी कुछ सूक्तियों को गिनाकर नारी का गुणगान कर दिया जाता है और इन्हीं उदाहरणों के तहत नारी भी अपने अधिकारों को सुरक्षित समझ लेती है। यही कारण है कि व्यवहार रूप में एक पक्ष ज्यादा शक्तिशाली दिखाई देता है, जब कि दूसरा पक्ष शोषित।जब कि होना यह चाहिए कि समसामयिक परिस्थितियों के अनुसार स्थिति का निर्धारण हो |

वस्तुतः स्त्री का संघर्ष सिर्फ आज से नहीं है, बल्कि सम्पूर्ण अतीत से है। अतीत से लेकर वर्तमान तक स्त्री को बचपन से ही ऐसी मानसिकता में लालन पालन किया जाता है जहां वह बिना कोई विरोध किए , हर जुल्म, हर किस्म के अमानवीय व्यवहार से तालमेल बैठाकर सभी को खुश रखती है। जबकि स्त्री-अस्मिता समानता और सशक्तिकरण के विचार पर आधारित है, जो समाज में प्रत्येक स्तर पर लैंगिक समानता की अपेक्षा रखता है तथा किसी भी तरह के भेदभाव का विरोध करती है। "सदियों से औरत को मारने, उसे प्रताड़ित करने, उसके साथ बलात्कार

करने या उसे नीचा दिखाने अथवा रखने के कई सारे बहाने, तरीके और परम्पराएँ बना ली गई हैं जो आज के पढे लिखे सभ्य आधुनिक समाज में ज्यादा मजबूती और कट्टरता के साथ सामने आ रही है |

'स्त्री-अस्मिता' के नाम पर सबसे पहले इस संघर्ष को चिन्हित किया जाता है कि पुरुष स्त्री प्रधान समाज को 'व्यक्ति' की बजाय 'वस्तु' की संज्ञा देता है। और उस 'वस्तु' पर पुरुष के रूप में पहले पिता का, फिर पति का और अंततः पुत्र का अधिकार होता है। इस प्रकार उसे बचपन से वृद्धावस्था तक बंधनों में जकड़ दिया जाता है |

शिक्षित या अशिक्षित, कामकाजी या घरेलू महिलाओं में महिलाएँ भी महिलाओं को प्रताड़ित करने में बराबर की हिस्सेदार हैं। "बहुधा यही कहा और सुना जाता है कि पुरुष वर्ग नारी वर्ग की भावनाओं का सम्मान नहीं करता, लेकिन यथार्थ में, पुरुषों से अधिक ऐसी महिलाएँ मिलेंगी, जो स्वयं महिलाओं को कष्ट एवं हानि पहुँचाती रहती हैं। यह नारी जीवन की सबसे बड़ी समस्या है जिसकी चर्चा बहुत ही कम होती है |क्योंकि यह समस्या समाज के ऊपरी हिस्से में न होकर समाज के आतंरिक हिस्से में है। महिलाएँ ही महिलाओं की सबसे बड़ी शत्रु हैं।

स्त्रियों के साथ होने वाले भेदभाव का प्रमुख कारण संकीर्णता है | भारतीय जनमानस स्त्री पर घर के बाहर होने वाले अत्याचारों की निंदा करता है और घर के अंदर स्वयं स्त्री पर अत्याचार करता है। घर और बाहर की दुनिया स्त्री के उत्थान के लिए पृथक पृथक दृष्टिकोण है |

प्रत्येक भारतीय पुरुष चाहे वह जितना भी सुशिक्षित हो, अपने पुराने संस्कारों से इतना दूर नहीं हो सका है कि वह अपनी पत्नी को अपनी प्रदर्शनी न समझे। उसकी विद्या, उसकी बुद्धि, उसकी कौशल कला, उसका सौन्दर्य उसके आत्म प्रशंसा के साधन मात्र हैं |

तात्पर्य यह हैं कि इन सबके लिए सर्वप्रथम चिंतन में बदलाव एवं पुरुष मानसिकता वाली स्त्रियों को भी पितृसत्तात्मक संस्कारों से मुक्त होना चाहिए। स्त्री की मुक्ति से पहले पुरुष मानसिकता से मुक्ति आवश्यक है। समाज में प्रभुता संपन्न तत्वों की मानसिकता में बदलाव तभी संभव है जब नारी स्वयं चेतना संपन्न हों तथा अपने ऊपर होने वाले अत्याचार, अन्याय, उत्पीड़न व शोषण के विरुद्ध प्रतिरोधात्मक

भाव रखती हों। सामंती वैचारिकता में नारी मुक्ति का कोई आधार नहीं था। किन्तु बदलती सामाजिक व्यवस्थाओं में स्त्री की लड़ाई व विरोध का सामुदायिक , वैचारिक आधार बन गया है |

मानवाधिकार की बढ़ती चेतना ने मानवीय अस्मिता की ओर और अधिक ध्यान आकृष्ट किया है । आर्थिक-सामाजिक क्षेत्रों में नारी की सक्रीय भागीदारी ने उसके संकोच और भय को सिर्फ दूर नहीं किया है, बल्कि अपनी स्थिति के प्रति स्वतंत्र निर्णय क्षमता के विकास व विरोध के चिंतन को बढ़ावा दिया है । अपने श्रमकार्य एवं उत्पादन की गुणवत्ता की समझ के साथ ही उसके मूल्य के प्रति भी उसका आग्रह बढ़ा है। यह पुरुष प्रधान समाज के सामंती संस्कारों के प्रति विद्रोहपरक होते हुए भी दयनीय और समझौतापरक रहा है। उसने अपनी नैसर्गिक प्रवृतियों और संस्कारों के दबाव के कारण जहाँ दबे स्वर में अधिकार की बात की, वहाँ उत्पीड़न और उपेक्षा के बढ़ते दौर में अलग सामुदायिक संगठनों द्वारा भी अपने अस्तित्व की स्वतंत्र घोषणा की।

स्त्रियों की अस्मिता पर सही ढंग से बात वेदों और पुराणों के आधार पर नहीं, आज की, वर्तमान की परिस्थितियों को देखते हुए स्त्रियों के लिए बनाए गए कानूनों के आधार पर करनी होगी। उसके साथ हो रहे आर्थिक भेदभाव की समाप्ति हो | उस पर हो रहे जुल्म की समाप्ति के विषय पर बात किए बिना और इन समस्याओं को समझे बिना इस समस्या का हल नहीं निकाला जा सकता और न ही इसके बिना महिलाओं के अस्मिता की बात आगे बढ़ सकती है। प्रसिद्ध नारीवादी लेखिका शर्मा के शब्दों में –"एक औरत इन्सान की तरह इंसानियत और अस्मिता के साथ जी सके तो वही उसकी स्वतंत्रता होगी। एक औरत को केवल औरत होने के कारण कष्ट और प्रताड़ना न सहना पड़े, बल्कि उसकी इच्छाओं गुणों को देखते हुए घर, समाज के परिवेश के अनुसार उसे वह सब कुछ मिलना चाहिए जो एक अच्छे नागरिक को मिलना चाहिए। एक औरत को यह आजादी होनी चाहिए कि वह जिस तरह से रहना चाहे रहे। अपनी जिंदगी की जिसमें ख़ुशी समझती है उसी में जिये...।"

आधुनिक शिक्षा ने स्त्री को आर्थिक स्वतंत्रता एवं आर्थिक सुरक्षा प्रदान की है। परिणामस्वरूप स्त्री भी पुरुष के समान परिवार के बोझ को ढोती है। परंपरागत मान्यता यानी पुरुष रोटी कमाये और स्त्री परिवार पालन करें, आज टूट चुकी है। आज की आधुनिक आत्मनिर्भर नारी पुरुषों के समान रोटी भी कमाती है |वह अपने अधिकारों के प्रति सजग है और अपनी समस्याओं का समाधान स्वयं करके अपनी स्थिति को उच्च बनाने में संलग्न है।

निष्कर्षतः यह कहा जा सकता है कि नारी के अस्तित्व को स्वीकारना होगा, उन्हें भी वे सभी अधिकार, अवसर एवं स्वतंत्रताएं प्राप्त होनी चाहिए जो की एक पुरुष को प्राप्त है। तभी स्त्री-अस्मिता का प्रशन और उसकी स्थिति मजबूत होगी तथा उनकी खोई हुई पहचान कायम हो पायेगी | यह पूरी मानवता के हित में होगा।

2

फूलनदेवी

बीहड़ से लेकर संसद तक का सफर करने वाली दस्यु सुंदरी फूलन देवी 10 अगस्त 1963 को जन्मीं और करीब 38 साल की उम्र में 25 जुलाई 2001 को शेर सिंह राणा के द्वारा उनकी हत्या कर दी गई |

पर इस उम्र में ही फूलन की एक विलेन से लेकर हीरो तक भूमिका में रहीं | उनकी जिंदगी पूरी एक किताब है | जिसके हर पन्नों में नारी-अस्मिता का दुख और दर्द है तो हिम्मत और हौसला भी है | फूलन देवी की पूरी जिंदगी की कहानी और उनकी शख्सियत लेखिका अरुंधति रॉय की एक लाइन से जानी जा सकती है कि

"बलात्कार के कारण फूलन देवी का जन्म होता तो देश में हजारों फूलन देवियां घूम रही होतीं | यह वास्तव में 'पुरुषवादी संस्कृति' की पैदाइश है | जाति, जमीन, औरत, मर्द सब कुछ समेटे हुए है फूलन देवी की कहानी |"

इंसान के साथ हो रहे अन्याय को न्याय व्यवस्था द्वारा न्याय देने की परंपरा हमेशा से चली आई है | लेकिन कुछ लोग होते हैं जो अपने साथ हुए अन्याय के बाद न्याय

व्यवस्था पर भरोसा नहीं कर पाते | जो लोग कानून को हाथ में ले कर अपना बदला खुद लेते हैं, उनकी समाज में दो तरह की छवि बन जाती है |'दस्यु रानी' फूलन देवी एक ऐसा ही नाम है, जो सोचने पर मजबूर कर देती है कि उसके बारे में कैसी राय बनाना उचित रहेगा | कुछ के लिए फूलन देवी सच में देवी थीं, तो कुछ के लिए आज भी वह एक कुख्यात डकैत और कई लोगों की हत्यारन हैं | कोई आम राय बनाने से आइए पहले उनके जीवन के पहलुओं को टटोलने की कोशिश करें |

फूलन देवी का बचपन

10 अगस्त 1963 का दिन यू पी के जालौन जिले के गाँव गोरहा के मल्लाह देवी दीन के लिए मुशीबत लेकर आया था | मुसीबत इसलिए थी क्योंकि उसके घर बेटी ने जन्म लिया था | अगर बेटा हुआ होता तो जश्न का माहौल होता | अब बेटी ने जन्म लिया था तो चिंता से मल्लाह का सिर फटा जा रहा था | चिंता उसको पालने की, चिंता उसको बड़ा करने की और चिंता उसकी शादी की | देवी दीन ने अपनी बेटी का नाम रखा फूलन |

शुरुआत में पिता देवी दीन को भी इस बात का अंदाजा नहीं रहा होगा कि जिस बेटी का जन्म उसके लिए खास नहीं था, उसकी मृत्यु का दिन इतना खास हो जाएगा कि पूरे देश में हडकंप मच जाएगा | अपने मां-बाप के छः बच्चों में फूलन दूसरे नंबर पर थी | वह दब्बू और शांत नहीं थी, वह एकदम अलग थी | इतनी अलग कि सही-गलत की लड़ाई के लिए वह किसी से भी भिड़ जाती थी |

फूलन के पिता देवी दीन कड़ी मेहनत के बाद घर का खर्च चला पाते थे | सम्पत्ति के नाम पर उनके पास केवल एक एकड़ ज़मीन थी | उनके पिता की मृत्यु के बाद उनका बड़ा भाई घर का मुखिया बना तथा अपने बेटे माया दीन के साथ मिलकर उसने देवी दीन के हिस्से की ज़मीन भी हड़प ली |

जब फूलन को इस बात का पता लगा कि उसके चाचा ने उसकी ज़मीन पर कब्ज़ा कर लिया है, तो वह उनसे भिड़ गई | कहते हैं कि ज़मीन के लिए चाचा से बात इतनी ज्यादा बिगड़ गई थी कि हाथापाई तक पहुंच गई | मामला यहीं नहीं सुलझा अपने हक़ के लिए फूलन अपने खेत के बीचों-बीच धरने पर जा बैठी | इस पर उन्हें अपनों का गुस्सा भी झेलना पड़ा, लेकिन वह नहीं मानी |

परिवार काफी गरीब था | जाति छोटी थी, लेकिन लड़की के तेवर बड़े थे | वो किसी के सामने न झुकती थी और न किसी से दबती थी | बात 1974 की है | उस समय फूलन करीब 10 साल की थी | तब पता चला कि सगे चाचा ने दबंगई से उसके पिता की जमीन हड़प ली है | ये जानकर वो चाचा से ही भिड़ गई | जमीन पाने के लिए धरने पर बैठ गई | इसके विरोध में चचेरे भाई ने फूलन के सिर पर ईंट से हमला कर दिया | लेकिन वो हार नहीं मानी | विरोध जताती रही | लेकिन थी वो एक मासूम लड़की ही |

वो11 साल की थी और शादी हुई 35 साल बड़े आदमी से

उम्र महज 11 साल, गुस्सा और तेवर बड़ों जैसे | ऐसे में घरवालों ने हाथों में बेड़ियां बांधने का सोचा | लड़कियों को बांधने का समाज में सबसे प्रचलित प्रथा रही है हाथ पीले करने की | फूलन भी उसी फेहरिस्त में शामिल हो गई | 11 साल की उम्र में ही घरवालों ने जबरन शादी करा दी |वो भी उसकी उम्र से 35 बड़े आदमी से | न चाहते हुए भी वो बन गई बालिका वधू | थोड़ा विरोध किया , आंसू गिराए लेकिन ससुराल तो जाना ही था | ससुराल पहुंची और न चाहते हुए भी पति से संबंध बनाने को मजबूर हुई | वैसे ही जैसे किसी छोटी लड़की से कोई अधेड़ बलात्कार करता है, ठीक उसी दर्द से फूलन भी गुजरी | लेकिन क्या कर सकती थी, समाज की खातिर वो चुप रही | सोचा समय के साथ सब ठीक होगा | यही सोचते हुए कुछ साल निकल गए | लेकिन दोनों पति-पत्नी के उम्र का फासला कम नहीं हुआ |

शुरुआत में फूलन ने इसका विरोध किया फिर अपनी नियति मानकर इसे स्वीकार कर लिया | फूलन के पिता ने उसके अच्छे भविष्य को लेकर यह कठोर फैसला लिया था, किन्तु, सही मायने में उन्होंने

फूलन को जलती हुई आग में तपने के लिए छोड़ दिया था |

फूलन के ससुराल वाले ठीक नहीं थे | उसके पति का भी उसके प्रति व्यवहार ठीक नहीं था | वो उस पति को सह नहीं पाती थी | ऊपर से घर के कामकाज का बोझ भी | वो मजबूत थी, दबंग थी लेकिन उम्र भी तो कोई चीज़ होती है | महज 12-13 साल में कितना सहती? धीरे-धीरे अब फूलन की तबीयत खराब होने लगी | इतनी खराब की उसे मायके लौटना पड़ा | लेकिन मायके वालों को फूलन का इस तरह से लौटना अच्छा नहीं लगा जल्द ही ये सब फूलन की बर्दाश्त से बाहर हो गया | उसे उम्मीद थी कि उसके अपने लोग उसकी मदद करेंगे, लेकिन हुआ उल्टा | इसलिए भाई ने कुछ समय बाद ही फूलन को फिर से ससुराल पहुंचा दिया | अब फूलन फिर से उसी जगह आ पहुंची जिसे वो काले पानी की सज़ा से भी बढ़कर मानती थी | लेकिन ये सजा उसकी उस समय और बढ़ गई जब पता चला कि उसके पति ने दूसरी शादी रचा ली है | अब फूलन देवी बेसुध थी, गुस्से में थी | आपत्ति भी जताई, लेकिन फायदा कुछ नहीं हुआ | उलटा पति ने खूब फटकारा | पति की दूसरी बीवी ने भी उसे लताड़ा, सरेआम बेइज्जती की | फिर घर से धक्के मार कर निकाल दिया | अब फूलन क्या करती ? कहां जाती ?

फूलन मासूम थी लेकिन उसके दुश्मन बहुत ही शातिर थे | उसके चचेरे भाई ने इस मौके का फायदा उठाकर एक झूठे आरोप में उसे जेल भिजवा दिया | वहां भी उसे शारीरिक शोषण झेलना पड़ा | जैसे-तैसे वह जेल से निकलने में सफल रही | किसी तरह उसका जीवन स्थिर हो जाए, इसके लिए पिता ने कोशिश करके उसे दोबारा पति के घर भेज दिया, किन्तु उनका व्यवहार फूलन के प्रति नहीं बदला और उसे मजबूरन दोबारा ससुराल छोड़ना पड़ा |

वो मजबूर होकर अपने मायके लौटी लेकिन दिल टूट चुका था | अब वो बाहर ज्यादा रहती थी | इसी बीच, वो डकैतों के गैंग के संपर्क में आई | उनके साथ घूमने लगी | ये साथ उसे अच्छा लगने लगा | बंदूक चलाना भी सीखने लगी |ये भी उसे अच्छा लगने लगा | कुल मिलाकर एक तरीके से घरवालों की अनदेखी और ससुराल में तिरस्कार ने उसे डकैतों के आंगन में पहुंचाया दिया | परिस्थितियों से तंग आकर फूलन

एक ऐसे रास्ते पर निकल पड़ी, जहां से वापसी संभव नहीं थी |

हालांकि, फूलन डाकुओं के संपर्क में कैसे आई? इसे लेकर भी कई थ्योरी हैं। कोई कहता है कि वो अपनी मर्जी और मजबूरी में डाकुओं से जुड़ी तो कोई कहता है कि डाकू जबरन उठा ले गए थे |

अब इन दोनों बातों के कोई पुख्ता सबूत तो नहीं है | लिहाजा, फूलन की आत्मकथा में लिखी उसी बात पर ही भरोसा करते हैं जिसमें डाकुओं से संपर्क में आने के बारे में फूलन ने कहा था कि "किस्मत को शायद यही मंजूर था।"

20 साल की उम्र में फूलन को अगवा कर उसका बलात्कार किया गया | इससे पहले शादी के नाम पर भी वो कई साल से इसी पीड़ा को झेलती आ रही थी | पुलिस की मदद लेने का अंजाम वह पहले ही भुगत चुकी थी सो इस बार उसने हथियार उठाने का फैसला कर लिया | फूलन के जीवन पर आधारित फ़िल्म 'बैंडिट क्वीन' में दिखाया गया कि वह 20 साल की उम्र में अपने एक रिश्तेदार की मदद से डाकुओं के गिरोह में शामिल हो गई |

हथियार उठाने के बाद सबसे पहले फूलन अपने पति के गांव पहुंची, जहां उसने अपने पति को घर से निकाल कर लोगों की भीड़ के सामने खूब पीटा और सड़क किनारे अधमरे हाल में छोड़ कर चली गयी | जाते-जाते फूलन ने ये ऐलान भी कर दिया कि आज के बाद कोई भी बूढ़ा किसी जवान लड़की से शादी नहीं करेगा |

दो डकैतों को पसंद आ गई थी फूलन, फिर हुआ खूनी खेल

चंबल में ऐसा पहली बार हुआ था कि डकैतों के साथ कोई महिला जुड़ी थी | दिन-रात साथ रहती थी, हंसती-घूमती थी| फिर धीरे-धीरे वो डाकुओं के सरदार बाबू गुज्जर और उसके साथी डाकू विक्रम मल्लाह को पसंद आ गई | गिरोह में भी उसे कई प्रकार की विकट परिस्थितियों का सामना करना पड़ा | गिरोह के सरदार बाबू गुज्जर का दिल फूलन देवी पर आ गया | यह बस उसकी शारीरिक भूख थी, जिसे मिटाने के लिए वह लगातार कोशिशें करता रहा | पहले उसने फूलन को बहलाने की कोशिश की | जब वह कामयाब नहीं हुआ तो एक दिन उसने फूलन के साथ जबरदस्ती की | विक्रम मल्लाह, जिसका स्थान गिरोह में बाबू

गुज्जर के बाद आता था, उसने इसका विरोध किया | इसके बावजूद भी डाकुओं का सरदार बाबू गुज्जर नहीं माना और फूलन के साथ जबरदस्ती की | बाद में विक्रम मल्लाह ने बाबू गुज्जर की हत्या कर दी और सरदार बन गया और अब फूलन भी हमेशा के लिए विक्रम मल्लाह की हो गई |

विक्रम मल्लाह के दुस्साहस से नाराज़ हुआ ठाकुर गैंग

बाबू गुर्जर की मौत के बाद गैंग का सरदार विक्रम मल्लाह बना | उसी गैंग के दो खास डाकू श्रीराम और लालाराम भी थे जो किसी अपराध में जेल में बंद थे जब बाबू गुर्जर को विक्रम मल्लाह ने गोलियों से भून दिया था | कुछ समय पश्चात् दोनों डाकू जेल से छूट जाते हैं और वापस चंबल पहुंच जाते हैं | चंबल पहुंचने के पहले इन दोनों को खबर मिल चुकी थी कि बाबू गुर्जर की मौत हो गई है जिसको विक्रम मल्लाह ने फूलन देवी के खातिर मार दिया था। इस घटना से श्रीराम और लालाराम का विक्रम मल्लाह और फूलन देवी से दुश्मनी हो जाती है।

श्रीराम और लालाराम ऊंची जाति से आते थे जो राजपूत थे । उस गैंग में मल्लाह भी थे और ठाकुर भी थे |श्रीराम और लालाराम का कहना था कि बाबू गुर्जर को विक्रम मल्लाह ने फूलन देवी की वजह से मारा है। श्रीराम और लालाराम चाहते थे कि गैंग में राजपूतों का वर्चस्व हो लेकिन विक्रम मल्लाह चाहता था कि मल्लाहों का वर्चस्व हो |इसी वर्चस्व की लड़ाई की वजह से गैंग में फूट पड़ चुकी थी और दोनों गैंग अलग हो चुके थे |

गैंग में राजपूतों की संख्या ज्यादा थी तो बाकी राजपूत भी श्रीराम और लालाराम के गैंग में हो शामिल हो गए | कालांतर में श्रीराम लालाराम और विक्रम मल्लाह के बीच खूनी संघर्ष होता है |छिपते छिपाते फूलन और विक्रम मल्लाह कुछ देर के लिए आराम करने बैठे | उस रात फूलन और विक्रम मल्लाह में सम्बन्ध बने | दोनों जब सोये तो एक दुसरे के साथ थे पर जब उठे तो फूलन लाला राम गैंग की गिरफ्त में थी | गैंग ने विक्रम मल्लाह को मारकर फूलन को किडनैप कर लिया था | फूलन ने अपनी किताब में कुसुमा का जिक्र किया है, जिसने श्रीराम की मदद की थी | फूलन के मुताबिक़ विक्रम मल्लाह ने उसे तोहफे में जितनी भी ज्वैलरी दी थी, वो सभी कुसुमा ने उसके बदन से उतार ली

थी | उन्होंने लिखा था, ' कुसुम ने मेरे कपडे फाड़ दिए और आदमियों के सामने नंगा छोड़ दिया'| श्रीराम और उसके साथी नग्न अवस्था में ही उन्हें रस्सियों से बांधकर नदी के रास्ते बेहमई गाँव ले गए| श्रीराम और उसके साथियों ने मिलकर उन्हें पूरे गाँव में नंगा घुमाया | सबसे पहले श्रीराम ने रेप किया | फिर बारी बारी से गाँव के लोगों ने रेप किया | वे फूलन को बालों से पकड़कर खींच रहे थे | श्रीराम और उसके साथियों ने फूलन को लाठियों से भी खूब पीटा | कहा जाता है कि ठाकुरों ने फूलन को नग्न अवस्था में 2 सप्ताह से अधिक समय तक रखा | फूलन कोठरी में बंद रहती थी, जानवरों की तरह , तब तक जब तक वह बेहोश ना हो जाती | जिस समय ये बर्बरता हुई फूलन केवल 18 साल की थी|

विक्रम मल्लाह के गैंग में मल्लाह जाति का एक शख्स बेहमई गाँव का रहने वाला था | उसके द्वारा जब विक्रम मल्लाह के दो और साथियों को पता चलता है कि फूलन देवी को बेहमई गांव के एक घर में बंदी बना रखा है तो वो उस गांव तक पहुंचते हैं और किसी तरह फूलन देवी को आजाद करके फिर से बीहड़ के जंगलों में ले आते हैं।

विक्रम मल्लाह के 2 साथियों में से एक का नाम था मानसिंह मल्लाह | मानसिंह पुनः चंबल के बीहड़ में पहुँचने के बाद मल्लाहो को एकजुट करना शुरू किया और मल्लाहों का गैंग बनाया । फूलन देवी खुद उस गैंग की लीडर बन गयी | उसके बाद फूलन देवी और मानसिंह मल्लाह के बीच प्रेम पनपने लगा । फूलन देवी का गिरोह अब सक्रिय हो चुका था | फूलन देवी का गिरोह लूटपाट करता था और वह भी अधिकांश बड़े विरादरी के लोगों के साथ | फूलन देवी डकैती करने के बाद अपने ही जाति के लोगों की मदद करती थी । गाँव के शादी – विवाह समारोह में फूलन देवी दान अनुदान करती थी, ताकि वो लोगों का भरोसा जीत सके, और गांव के लोग उसके खिलाफ पुलिस की मुखबरी न करें |

फूलन देवी श्रीराम लालाराम गैंग से बदला कैसे लेती है?

फूलन देवी के साथ हुए उस गैंग रेप के ठीक 7 महीने बाद 14 फरवरी 1981 को अपनी पूरी गैंग के साथ बेहमई गांव पहुंचती है। उसी बेहमई

गांव में जहां फूलन देवी के साथ करीब 3 हफ्ते तक बलात्कार हुआ था। फूलन देवी को पता चला था कि बेहमई गांव में एक राजपूत परिवार में किसी की शादी है। फूलन देवी को पक्का भरोसा था कि श्रीराम लालाराम के गैंग के लोग ज़रूर उस शादी में आयेंगे। शादी के दिन फूलन देवी अपने गैंग के साथ पुलिस की वर्दी में गई और पूरे गाँव को घेर लिया |उसके बाद शादी समारोह में फूलन के लोग डाकू श्रीराम लालाराम के गैंग के लोगों को ढूंढना शुरू करते हैं।

शादी में दो ही लोग मिल पाते हैं जो श्रीराम लालाराम के गैंग के थे, उसे पकड़ने के बाद उन्हें खूब पीटते हैं और बाकी के लोगों का पता पूछते हैं। बाकी लोग गांव से भाग चुके थे, फूलन देवी उस समय बेहद ही गुस्से में थी बाकी लोगों के ना मिलने पर अपने गैंग से कहती है कि इस शादी में जितने भी राजपूत समुदाय के मर्द है उन्हे पकड़ कर एक लाइन में खड़ा करो | 22 राजपूत समुदाय के मर्द हाथ लगते हैं और उन लोगो को एक साथ एक लाइन में खड़ा कर दिया जाता है |

उसके बाद फूलन देवी के आदेश पर गैंग के लोग उन 22 लोगों को राइफ़ल की गोलियों से भून देते हैं। जिनमे से सभी की मौत हो जाती है सब को मारने के बाद पूरी गैंग वहाँ से निकल जाती है और अगले ही दिन ये खबर पूरे देश में आग की तरह फैल जाती है । फूलन देवी का नाम घर घर पहुंच जाता है पूरे देश को पता चल गया कि कैसे फूलन देवी ने 22 लोगों को एक साथ गोलियों से भून दिया। इस घटना के एक चश्मदीद गवाह चंदन सिंह ही बचे थे जिनका घायल अवस्था में ईलाज चला और वो बच गए |

ऐसा कहा जाता है कि बेहमई में 3 हफ्ते तक ठाकुरों ने फूलन से बलात्कार किया | ये कहानी फिल्म बैंडिट क्वीन में दिखाई गई है | लेकिन इसमें कितना सच है, इसकी पुष्टि आजतक नहीं हुई है | इस बारे में फूलन से सवाल पूछा गया था |तब जवाब में फूलन ने कहा था कि "ठाकुरों ने उस वक़्त मेरे साथ बहुत मजाक किया था" | फूलन के इस जवाब के कई मायने हो सकते हैं | लेकिन सच तो ये भी है कि कोई महिला खुद बलात्कार की बात को कैसे स्वीकार कर सकती है | खैर, घटना चाहे जो हुई हो लेकिन ये बात तो सच है कि ठाकुरों ने 3 हफ्ते तक

फूलन को बंधक बनाए रखा था |

तीन हफ्ते तक किसी महिला को बंधक बनाए रखा जाए, उसे मानसिक प्रताड़ना दिया जाए, उसके साथ कई लोगों द्वारा बलात्कार किया जाए यह वाकई वहसीपन की पराकाष्ठा है | ऐसी प्रताड़ना को कोई स्त्री झेल जाती है और कोइ खामोश रह जाती है | पर फूलन देवी अलग मिट्टी की बनी थी , वह बचपन से ही अन्याय के खिलाफ उठ खड़ी होती थी | वह इस अत्याचार को कैसे बर्दास्त कर लेती ?

फूलन देवी की वजह से उत्तरप्रदेश के मुख्यमंत्री को इस्तीफा क्यों देना पड़ा?

फूलन देवी ने जब 22 लोगो को एक साथ मारा था तो ये मामला राजनीतिक मोड ले लिया | इस घटना को लेकर उस क्षेत्र में खूब हंगामा हुआ। नीची और ऊंची जातियों के लेकर ये मामला और भी गहराने लगा | जगह जगह धरना प्रदर्शन किये जा रहे थे। और उस समय उत्तरप्रदेश के मुख्यमंत्री वी. पी. सिंह थे और प्रधानमंत्री इंदिरा गांधी थी। फूलन देवी की गिरफ्तारी को लेकर उत्तरप्रदेश सरकार पर बहुत ज्यादा दबाव था, लेकिन फूलन देवी को पुलिस नहीं पकड़ पाई |

फूलन देवी की गिरफ़्तारी न होने की वजह से और मजबूर होकर उत्तर प्रदेश के मुख्यमंत्री वी. पी. सिंह को मुख्यमंत्री पद से इस्तीफा तक देना पड़ा | फूलन देवी के गैंग के कुछ लोग पकड़े गए और कुछ भागने के दरमियान उनका Encounter भी कर दिया गया । इस घटना के दो साल गुजरने के बाद भी फूलन देवी पुलिस की गिरफ्त में नहीं आई।

फूलन देवी ने भिंड में किया था आत्म समर्पण, वचन निभाने जमानत के तौर पर एसपी ने दिया था अपना बेटा |

बैंडिट क्वीन फूलन देवी को आत्मसमर्पण के लिए उस समय भिंड के एसपी राजेन्द्र चतुर्वेदी ने तैयार किया था, लेकिन फूलन के साथ मध्यप्रदेश में ऐसी घटना हो गई, जिससे वह फिर से बीहड़ में कूदने को तैयार हो गई। इसके बाद तो एसपी राजेन्द्र चतुर्वेदी के हाथ-पांव फूल गए। उन्होंने तुरंत अपने बेटे को फूलन देवी को बतौर जमानत दिया और

कहा यकीन करो तो आत्मसमर्पण कर दो। इस घटना के कई महीने बाद फूलन ने भिंड में आकर आत्मसमर्पण किया।

घटना कुछ इस तरह हुई -उस समय भिंड के एसपी राजेन्द्र चतुर्वेदी थे। फूलन अक्टूबर 1982 को भिंड के ऊमरी गांव के पास आ गई। ऊमरी में भिंड पुलिस ने एक शांति कैंप तैयार किया था। इस कैंप में उन डकैतों को रखा जाता था, जो सरेंडर करते थे।फूलन के साथ उसका विश्वासपात्र साथी मुस्तकीम का भाई मुस्लिम था। डकैत मुस्लिम पर उस समय 10 हजार रुपए का इनाम था।फूलन के सरेंडर के समय चंबल रेंज के डीआईजी एमडी शर्मा थे। एमडी शर्मा डकैतों के सरेंडर के खिलाफ थे। उन्होंने अपना एक मुखबिर ऊमरी थाने में भेजकर डकैतों की जानकारी ली। उन्होंने डकैत मुस्लिम का एनकाउंटर करा दिया। मुस्लिम मरा नहीं, लेकिन उसे गोली लग गई। यह घटना सामने आते ही फूलन देवी भड़क गई और उसने सरेंडर करने से इनकार कर दिया।फूलन को लगा कि वह भी एनकाउंटर में मार दी जाएगी। फूलन के इनकार से भिंड एसपी राजेन्द्र चतुर्वेदी परेशान हो गए।

दोबारा ऐसे आत्मसमर्पण के लिए तैयार किया

सबसे पहले तो भिंड एसपी चतुर्वेदी ने सीएम अर्जुन सिंह से कहकर भिंड रेंज के डीआईजी शर्मा को चंबल रेंज से हटवा दिया और फूलन को मनाने में जुट गए।फूलन नहीं मानी और वापस चंबल के बीहड़ में लौटने की बात करने लगी। एसपी चतुर्वेदी ने बहुत मिन्नतें की, लेकिन वह तैयार नहीं हुई, क्योंकि उसे अपने एनकाउंटर का डर लगने लगा।एसपी चतुर्वेदी ने अपना बेटा बतौर जमानत के तौर पर फूलन को दिया। इससे भी फूलन के तेवर ठंडे नहीं हुए।

उस समय भिंड के एसपी राजेंद्र चतुर्वेदी फूलन देवी को सरेंडर के लिए मुखबिर के माध्यम से बात कर रहे थे और घटना के बाद भी कोशिश कर रहे थे लेकिन कुछ बात नहीं बन रही थी। और फिर उसके बाद प्रधानमंत्री इंदिरा गांधी पहल करती है और कहती है " घटना के आज करीब दो साल हो चुके हैं, लेकिन डाकू फूलन देवी अभी तक हमारे हाथ नहीं आई। ऐसा करते है उनसे किसी तरह बातचीत करने का सबसे पहले रास्ता निकाला जाये, किसी तरह बात किया जाए और अगर फूलन

देवी सरेंडर करने को राजी होती है तो हम भी शांतिपूर्रावक तरीके से उसके साथ पेश आयेंगे उन्हें किसी भी तरह का नुकसान नहीं पहुंचाएंगे ये मेरा ऑर्डर है"| उसके बाद भिंड के एसपी राजेंद्र चतुर्वेदी और जोर शोर से फूलन देवी से सोर्स के जरिए सम्पर्क साधना शुरू करते हैं। और बहुत कोशिश के बाद फूलन देवी 13 फरवरी 1983 में आत्मसमर्पण करने को राजी हो जाती हैं, लेकिन फूलन देवी की कुछ शर्ते थी।

उधर फूलन देवी के गैंग के लोग धीरे धीरे मारे जा रहे थे और फूलन देवी के गैंग कमजोर पड़ती जा रही थी, और फूलन देवी बीमार भी रहने लगी थी। सेहत धीरे धीरे कमजोर हो रही थी फूलन देवी को अब इलाज की भी जरूरत थी | आत्मसमर्पण करने के पीछे एक ये भी वजह हो सकती है।

फूलन देवी के सरेंडर करने की 6 शर्ते कौन कौन सी थी?

जब इंदिरा गाँधी जी की सरकार ने फूलन देवी से आत्मसमर्पण की बात की तो फूलन देवी ने अपनी 6 शर्ते रखी थी।

1. फूलन देवी कि पहली जो शर्त थी - वो उत्तरप्रदेश में सरेंडर नहीं करेगी, उन्हें उत्तरप्रदेश की पुलिस पर जरा सा भी भरोसा नहीं है |
2. फूलन देवी की दूसरी शर्त थी - वो मध्यप्रदेश में सरेंडर करेगी, और उस वक़्त मध्यप्रदेश के मुख्यमंत्री अर्जुन सिंह थे, और उन्हीं की उपस्थिति में ही सरेंडर करेगी।
3. तीसरी शर्त ये थी कि वो पुलिस वालों के सामने अपना हथियार नहीं डालेगी, वो अपना हथियार वहाँ डालेगी जहाँ महात्मा गांधी की और दुर्गा मां की तस्वीर होगी। फूलन देवी दुर्गा मां की बहुत बड़ी भक्त थी |
4. चौथी शर्त ये थी कि वो सरेंडर के बाद फूलन देवी और उनके गैंग के किसी भी सदस्य को फांसी की सजा नहीं दी जाएगी।
5. फूलन देवी कि पांचवी शर्त ये थी कि उसके गैंग के किसी भी मेम्बर को 8 साल से ज्यादा की सजा नहीं दी जाएगी और सजा पूरा होने के

बाद सरकार उन्हे जमीन आबंटित करेगी ताकि वो अपनी जीविका चला सकें |

6. फूलन देवी की छठवीं शर्त ये थी कि जब वो सरेंडर करेगी तो उसके जितने भी परिवार के सदस्य हैं वो वहाँ सब मौजूद होने चाहिए, और सरेंडर करते समय उन्हें सामने से देखें | फूलन देवी की ये सारी शर्तों को सरकार मान लेती है और शांतिपूर्वक मामले को सुलझाने का वायदा भी करती है।

आख़िरकार 13 फरवरी 1983 में फूलन देवी ने भिंड के एक ग्राउंड में सरेंडर कर दिया | । पुलिस के करीब 300 से 400 जवान ग्राउंड के चारो तरफ मौजूद थे, और करीब 16000 – 18000 लोग वहाँ मौजूद थे सिर्फ फूलन देवी को सरेंडर करते हुए देखने के लिए। जिस भीड़ को काबू करना पुलिस के लिए मुश्किल हो रहा था | उसके बाद फूलन देवी और उनका गैंग भिंड के ग्राउंड में प्रवेश करता है और अपनी शर्त के अनुसार एक एक करके सभी डकैत दुर्गा मां और महात्मा गांधी की तस्वीर के सामने अपना हथियार डाल देते हैं।

फूलन देवी और उसके गैंग को पुलिस जेल में बंद कर देती है, उनके खिलाफ कानूनी दस्तावेज पर करीब 48 अपराध के मामले दर्ज थे। लेकिन हैरत की बात ये थी कि फूलन देवी को 1983 में जेल में डालने के बाद अगले 11 साल तक उनके ऊपर दर्ज मामले में किसी भी तरह की कानूनी कार्रवाई और कोर्ट की सुनवाई होती ही नहीं है। 11 साल तक बिना चार्ज शीट के फूलन देवी जेल में पड़ी रही | चूंकि उस दौरान फूलन देवी की तबीयत भी खराब हुई और उनका इलाज भी करवाया गया ।

फूलन देवी का Uterus यानि गर्भाशय क्यों निकाल दिया गया?

फूलन देवी का दो बार ऑपरेशन भी किया गया | एक ऑपरेशन तो फूलन देवी को बगैर बताये बगैर इजाजत लिए बगैर घरवालों को जानकारी दिए कर दिया गया | अगर इसकी जानकारी किसी को दे दी जाती तो कभी

ये आपरेशन हो ही नहीं पाता क्योंकि ये आपरेशन था ही कुछ ऐसा | बड़े ही ख़ुफ़िया तरीके से चोरी चुपके फूलन देवी के अन्दर से Uterus यानि गर्भाशय निकाल दिया गया |

देश में ऐसा पहली बार हुआ जब सरकार को भी कहीं ना कहीं डर था कि जेल से रिहा होने के बाद अगर फूलन देवी अपना घर बसाती है और उनके कोख से Bandit Queen फूलन देवी जैसी ही कोई दूसरी संतान पैदा होती है तो बड़ा होने पर कहीं इससे भी ज्यादा तहलका न मचा दे | शायद यही वजह थी कि फूलन देवी को बिना बताए और उनके घर वालों की बिना इजाजत के ऑपरेशन करके गर्भाशय निकाल दिया गया ताकि देश में फिर से कोई दूसरी फूलन देवी (Bandit Queen) पैदा ना हो सके।

जेल से रिहा होने के बाद फूलन की जिन्दगी

सन 1994 में समाजवादी पार्टी के मुलायम सिंह यादव के नेतृत्व वाली राज्य सरकार ने उनके खिलाफ सभी आरोपों को सरसरी तौर पर वापस ले लिया और फूलन को 11 साल बाद बिना मुकदमा चलाये रिहा कर दिया गया |ऐसा उस समय हुआ जब दलित लोग फूलन के समर्थन में गोलबंद हो रहे थे और फूलन इस समुदाय के प्रतीक के रूप में देखी जाती थी फूलन ने अपनी रिहाई के बाद बौद्ध धर्म में अपना धर्मांतरण कर लिया | सन 1996 में फूलन ने उत्तर प्रदेश के मिर्जापुर सीट से लोकसभा चुनाव जीता और वह संसद तक पहुँची| वह तब समाजवादी पार्टी के उम्मीदवार के रूप में संसद के चुनाव के लिए खडी हुईं और 1999 में वह दूसरी बार मिर्जापुर के लिए संसद सदस्य के रूप में लोकसभा के लिए चुनी गई| 25 जुलाई 2001 को , शेर सिंह राणा द्वारा नई दिल्ली में उनके आधिकारिक बंगले के द्वार पर उनकी गोली मारकर हत्या कर दी |

शेखर कपूर ने माला सेन की 1993 में लिखी गयी पुस्तक "भारत की बैंडिट क्वीन: द ट्रू स्टोरी ऑफ़ फूलन देवी" पर आधारित "बैंडिट क्वीन" फिल्म बनाई | हालांकि फूलन देवी को फिल्म में नायिका दिखाया गया था पर उन्होंने फिल्म की सच्चाई को विवादास्पत बताया और भारत में इसे प्रतिबंधित करने के लिए संघर्ष किया | यहाँ तक कि उन्होंने

थियेटर के बाहर खुद को आत्मदाह करने की धमकी दी | उन्होंने कहा कि अगर फिल्म को वापस नहीं लिया गया तो वो आत्मदाह कर लेंगी | आखिरकार निर्माता चैनल 4 द्वारा उन्हें 40,000 डॉलर का भुगतान किया गया | उसके बाद उन्होंने अपनी आपत्तियां वापस ली | फिल्म ने उन्हें अन्तराष्ट्रीय स्तर पर पहचान दिलाई | इस फिल्म में फूलन देवी की भूमिका सीमा विश्वास ने निभाई थी | इस फिल्म के एक दृश्य में फूलन को पूरी तरह निर्वस्त्र दिखाया गया था | इस दृश्य को देखकर सीमा बिश्वास के पति ने उनसे तलाक ले लिया था |

दिल्ली के तिहाड़ जेल में कैद अपराधी शेर सिंह राणा ने फूलन की हत्या की | हत्या से पहले वह देश की सबसे सुरक्षित माने जाने वाली तिहाड़ जेल से फर्जी तरीके से जमानत पर रिहा होने में कामयाब हो गया | हत्या के बाद शेर सिंह फरार हो गया | कुछ समय बाद शेर सिंह ने एक वीडियो क्लिप जारी करके अंतिम हिन्दू सम्राट पृथ्वीराज चौहान की समाधी ढूंढकर उनकी अस्थियाँ भारत लेकर आने की कोशिश का दावा किया | हालांकि बाद में दिल्ली पुलिस ने उसे पकड़ लिया | फूलन की हत्या का राजनीतिक षड्यंत्र भी माना जाता है | उनकी हत्या के छींटे उनके पति उम्मेद सिंह पर भी आये पर उम्मेद सिंह आरोपित नहीं हुआ |

कितनी विडंबना है कि अपने साथ हुए बलात्कार का बदला लेने के लिए फूलन ने 22 राजपूतों की हत्या की थी पर बलात्कारियों को कभी मार नहीं पाई और अंत में ऐसे व्यक्ति की गोली का शिकार हुई जिसका फूलन ने कुछ नहीं बिगाड़ा था | ऐसा कहा जाता है कि जिन 22 राजपूतों को फूलन के गैंग ने हत्या की थी उनमें फूलन के हत्यारे शेर सिंह राणा के रिश्तेदार भी थे |

फूलन को सरेंडर कराने वाले पुलिस अधिकारी की कहानी

यहीं से फूलन देवी की जिंदगी में फिर से एक नया मोड़ आने की शुरुआत हुई | ये शुरुआत करने वाले पुलिस अधिकारी थे राजेंद्र चतुर्वेदी , बेहद शांत और मजबूत इरादों वाले , कुछ ठान लें तो उसे पूरा करने वाले |

अकेले दम पर वो मध्य प्रदेश के तत्कालीन मुख्यमंत्री अर्जुन सिंह से दावा करते हैं कि वो फूलन को आत्मसमर्पण कराकर मानेंगे | और फिर इस मिशन में जुट जाते हैं | एक मीडिया को दिए इंटरव्यू में खुद राजेंद्र चतुर्वेदी ने पूरी कहानी बयां की है | वो उस दिन के बारे में बताते हैं जब पहली बार फूलन से मिलने गए थे |

उनके अनुसार वो 5 दिसंबर, 1982 की रात थी | वो खुद बाइक चला रहे थे और पीछे फूलन देवी का करीबी बैठा था | उस वक्त काफी ठंड थी | हवा भी तेज थी जिससे उनकी कंपकंपी छूट रही थी लेकिन माथे पर चिंता की लकीरें भी थीं |

बाइक बीहड़ों से गुजर रही थी तभी बाइक के पीछे बैठे शख्स ने कंधे पर हाथ रखकर रुकने का इशारा किया | फिर दोनों लोग पैदल आगे बढ़ने लगे | थोड़ी देर चलने पर उन्हें हाथ में लालटेन हिलाता एक शख़्स दिखाई दिया | फिर दोनों उसी लालटेन वाले के पीछे-पीछे चलने लगे | फिर एक झोपड़ी में इन्हें रोक लिया गया |

यहां कुछ खाने को दिया गया ताकी ठंड से थोड़ी राहत मिल जाए | साथ ही उन्हें एक घंटे तक रुकने के लिए कहा गया | यहां समय बिताने के बाद एक डाकू पुलिस अधिकारी को बाइक से लेकर चंबल नदी की तरफ बढ़ने लगा | करीब 6 किलोमीटर चलने के बाद बाइक खड़ी कर दी | इसके बाद साथी ने टॉर्च निकाली और घने पेड़ों व जंगल के रास्ते ले जाने लगा | वहां दूर से जलता हुआ अलाव दिखाई दिया |

इसे देख राजेंद्र चतुर्वेदी ने अंदाजा लगा लिया था वहां कुछ खास होने वाला है | लेकिन अंदाजा गलत निकला | यहां भी फूलन से मुलाकात नहीं हुई | यहां से डाकुओं का तीसरा साथी फिर से उन्हें लेकर कई किलोमीटर दूर गया | इस तरह पूरी रात चलते-चलते वो थक चुके थे | सुबह होने वाली थी |

लेकिन सुबह से ठीक पहले ही बीहड़ में एक खास जगह पहुंचे | वहां की झाड़ियों से नीले रंग का बेलबॉटम और नीले ही रंग का कुर्ता पहने हुए एक महिला सामने आईं | कंधे से राइफल लटक रही थी | घने बाल थे, कंधे तक लटके थे | मैं उसे देखता ही रहा तभी उसने मैरे पैर पर कुछ रख दिया | देखा तो 500 रुपये थे | ये देख हैरान रह गया | क्या फूलन देवी

ऐसी है?

फूलन का मानवीय व्यवहार

फूलन देवी ने अपने हाथों से उनके लिए चाय बनाई | चाय के साथ उन्हें चूड़ा खाने के लिए भी दिया | फिर दोनों में बातें शुरू होती हैं | लेकिन इस बात की शुरुआत कैसे हो ? इस पर पुलिस अधिकारी ने पहले से तैयारी की हुई थी | वो फूलन से मिलने से पहले ही उनके गांव गए थे | जहां वो परिवार से मिलकर उनकी बातें रिकॉर्ड की थी, फोटो भी खींचीं थीं |

उन्हें ये अंदाजा था कि महिला तो महिला होती है | उसमें ममता कूट-कूट कर होती है | भले ही वो इसका दिखावा ना करे | वो इमोशनल भी होती है, भले ही इसका अहसास न कराए | यही सोचकर राजेंद्र चतुर्वेदी ने बात की शुरुआत ही फूलन के घर से करते हैं |

वो कहते हैं, मैं आपके घर गया था | ये सुनकर फूलन देवी चौंक जाती हैं | पूछती है, कब? राजेंद्र चतुर्वेदी ने जवाब दिया, पिछले महीने | ये सुनते ही फूलन ने तपाक से पूछा, वहां मुन्नी मिली? पुलिस अधिकारी ने जवाब दिया, हां | आपकी बहन मुन्नी, मां और पिता भी मिले | फिर सबूत के तौर पर परिवार की तस्वीरें दिखाई | फूलन उन तस्वीरों को निहारने लगी |

तभी फूलन अचानक एक आवाज़ सुनकर चौक गईं | वो आवाज़ थी मुन्नी की | ये आवाज़ कहां से आई, फूलन ये सोचने लगी | तभी राजेंद्र चतुर्वेदी ने फूलन को टेपरिकॉर्डर दिखाया | उसमें परिवार से बातचीत के दौरान की ऑडियो रिकॉर्डिंग थी | ये सुनकर फूलन इमोशनल हो गईं | ऐसे मानो सारा तनाव दूर हो गया | थोड़ी देर बाद फूलन शांत हुईं |

सोचने लगी कि आखिर पुलिस अधिकरी ने मेरे लिए इतना किया क्यों? यही सोचकर फूलन ने सवाल पूछा | आप मुझसे क्या चाहते हैं? राजेंद्र चतुर्वेदी ने कहा कि हम चाहते हैं कि आप आत्मसमर्पण कर दें | आत्मसमर्पण ! ये सुनते ही फूलन भूल गई कि थोड़ी देर पहले ही वो अपने परिवारजनों की यादों में खो गई थी |

याद सिर्फ ये आया कि वो डाकू फूलन है | गुस्सा सातवें आसमान पर था , चेहरा लाल, आवाज़ भारी | वो चिल्ला कर बोली, तुम क्या समझते

हो, मैं तुम्हारे कहने भर से हथियार डाल दूंगी | मैं फूलन देवी हूं, मैं इसी वक्त तुम्हें गोली से उड़ा सकती हूं | ये देखकर मानो पूरे बीहड़ में सन्नाटा पसर गया | उस वक्त जो डाकू जहां थे वहीं खड़े रह गए | किसी की बोलने की हिम्मत नहीं थी|

आखिरकार फूलन के सबसे करीबी मान सिंह ने किसी तरह फूलन को शांत कराया | समझाया ये काफी सोच-समझकर यहां आए हैं | पहले पूरी बात हो जाए | फिर कोई फैसला करेंगे | फिर दोपहर हो जाती है | उस दिन फूलन ने खुद ही खाना बनाया | बाजरे की मोटी-मोटी रोटियां बनाई, इसके साथ आलू की सब्ज़ी और दाल परोस कर खाने को दी |

खाना खाकर राजेंद्र चतुर्वेदी ने फूलन की कुछ फोटो खींची और उन्हें दिखाई | जिसे देखकर फूलन खुश हो गई | बोली आप तो जादू करियो है | इसके बाद फिर फूलन ने पूछा, आपको ये कैसे भरोसा है कि सरेंडर करने पर एनकाउंटर नहीं होगा | पुलिस अधिकारी कहते हैं, मुझे मुख्यमंत्री ने खुद भेजा है | इसलिए भरोसा नहीं करने का कोई सवाल ही नहीं है |

इस पर फूलन सबूत मांगती है | जवाब में राजेंद्र चतुर्वेदी कहते हैं कि किसी को साथ भेज दीजिए | उन्हें सीधे सीएम से मिलवाउंगा | ये सुनकर फूलन एक साथी को पुलिस अधिकारी के साथ भेजने को राजी हो गईं | साथ में फूलन ने अपनी मां के लिए एक अंगूठी भी भिजवाई | इस तरह राजेंद्र चतुर्वेदी बीहड़ से निकलकर सीधे दिल्ली की फ्लाइट लेते हैं और सीएम से मुलाकात करते हैं |

सीएम से मुलाकात की जानकारी फूलन को मिलती है तब राजेंद्र चतुर्वेदी पर भरोसा और बढ़ जाता है | इसके कुछ महीने बाद राजेंद्र चतुर्वेदी अपनी पत्नी और बच्चे के साथ फिर फूलन से मिलने जाते हैं | इस बार फूलन की गोद में बच्चे को रखकर वचन देते हैं कि वो सरेंडर करेंगी तो पुलिस कोई एक्शन नहीं लेगी |

फूलन देवी की हत्या

तारीख 25 जुलाई, साल 2001, जगह देश की राजधानी दिल्ली | इस दिन फूलन के घर पर एकलव्य संगठन में शामिल होने के लिए शेर सिंह राणानामक व्यक्ति आया था | फूलन ने उसका स्वागत किया |खाने के लिए खीर मंगवाई | शेर सिंह ने खुशी-खुशी खीर खाई। अलविदा कहकर

घर से बाहर निकलने लगा | उसका साथ देने के लिए फूलन भी बाहर निकलीं | घर के चौखट तक छोड़ने आई | लेकिन शेर सिंह के ज़ेहन में कुछ और था |

उसने घर के गेट पर ही फूलन देवी को गोली मार दी | चौखट पर फूलन धड़ाम से गिरीं | कल तक जो शेरनी दहाड़ती थी, अब वो शांत थी। बिल्कुल ख़ामोश | फूलन की मौत पर शेर सिंह राणा ने कहा था, अब जाकर बेहमई हत्याकांड का बदला पूरा हुआ |

घटना के बाद पुलिस ने शेर सिंह राणा को गिरफ्तार कर लिया | 14 अगस्त 2014 को दिल्ली की एक अदालत ने शेर सिंह राणा को आजीवन कारावास की सजा सुनाई |

****

कौन था डाकू छेदा सिंह?

फूलन की बर्बादी में 50 हजार के इनामी डाकू छेदा सिंह का बहुत बड़ा हाथ था |उसे उत्तर प्रदेश की औरैया पुलिस ने 26 जून 2022 को गिरफ्तार किया था, छेदा सिंह ने लालाराम गैंग के सक्रिय सदस्य रहते हुए 1981 में फूलन देवी का अपहरण किया था | उसे 24 साल बाद गिरफ्तार किया गया था | 27 जून 2022 को इटावा जेल में दाखिल किए जाने के वक्त छेदा सिंह की तबियत बिगड़ गई, जिसके बाद छेदा सिंह को सैफई मेडिकल यूनिवर्सिटी में भर्ती करा दिया गया, जहां उपचार के दौरान 26 जुलाई 2022 को उसकी मौत हो गई |

मौत का शिकार बना छेदा सिंह औरैया जिले के अयाना के भासौन गांव का रहने वाला था | छेदा सिंह ने लालाराम गैंग के सक्रिय सदस्य रहते हुए 1981 में फूलन देवी का अपहरण किया था | डाकू छेदा सिंह साधु वेष में चित्रकूट के एक मठ में छिपा था | छेदा सिंह पर आरोप है कि 1981 में बेहमई कांड से पहले जब लालाराम गैंग द्वारा फूलन देवी के प्रेमी विक्रम मल्लाह की हत्या की गई और फूलन को अगवा कर लिया गया तो इस कार्य में छेदा सिंह भी शामिल था |

लालाराम गैंग खत्म होने के बाद धीरे-धीरे गैंग समाप्त होने लगा तो छेदा सिंह नाम और हुलिया बदलकर मध्यप्रदेश के चित्रकूट में रहने लगा | चित्रकूट में वह पहले काशी घाट में रहा और फिर दस सालों से

जानकी कुंड के आराधना आश्रम में सेवादार के रूप में काम करने लगा | छेदा सिंह के खिलाफ विभिन्न थानों में 21 मुकदमे दर्ज थे | उसके पास से बृजमोहन दास, चित्रकूट के नाम से फर्जी आधार कार्ड, पैन कार्ड, वोटर आईडी व राशन कार्ड बरामद हुए हैं | छेदा सिंह चंबल इलाके के कुख्यात लालाराम के लिए अपहरण उद्योग भी चलाता था |

उसने अपने आप को कागजों मे मरा हुआ दिखाया था | मगर परिवार के दावों पर पुलिस को यकीन नहीं था | 24 साल बाद साधु बनकर रह रहे छेदा सिंह को गिरफ्तार कर लिया गया | चंबल में जब डकैतों के खिलाफ अभियान चल रहा था, तब छेदा सिंह वहां से भाग निकला था | वह मध्यप्रदेश के **सतना**जिले में वृजमोहन दास के नाम से भगवद आश्रम में जाकर रहने लगा था | यहां वह साधु बन गया था |उसकी उम्र 69 साल थी और वह अविवाहित था | वह 20 साल की उम्र में अपने घर से फरार हो गया था | लालाराम के साथ ही चंबल में अपहरण करने का काम करता था | साथ ही फिरौती के रूप में मोटी रकम वसूलता था | उसके खिलाफ कुल 24 केस दर्ज थे |

फूलन का दिल गरीबों के लिए धड़कता था : रॉय मॉक्सहैम

फूलन देवी पर ब्रिटेन में आउटलॉ (Outlaw Book) नाम की एक किताब प्रकाशित हुई | इस किताब में उनके जीवन के कई पहलुओं की चर्चा है | इस किताब के लेखक रॉय मॉक्सहैम (Roy Moxham) हैं | फूलन के जेल में रहने के दौरान ही इस लेखक ने उनसे पत्राचार किया था | फिर इंडिया आकर मुलाकात भी की थी |

लेखक रॉय मॉक्सहैम ने फूलन देवी के बारे में एक मीडिया को दिए इंटरव्यू में कहा था कि उन्होंने जिंदगी में बहुत कुछ सहा, लेकिन इसके बावजूद फूलन देवी बहुत हंसमुख थीं | वे हमेशा हंसती रहतीं थीं, मजाक करती रहतीं थीं। रॉय ने ये भी कहा था कि फूलन ने अपना बचपन काफी गरीबी में गुजारा। उनका दिल गरीबों के लिए हमेशा धड़कता था। ये भी कहा कि मुझे लगता है कि वे गलत न्यायिक प्रक्रिया का शिकार हुईं।

फूलन सामाजिक दुर्व्यवहार,कमजोर प्रशासनिक और न्यायिक प्रक्रिया की देन है जहां हर कदम पर स्त्रियों को दोयम दर्जे के नागरिक की तरह व्यवहार किया जाता है | स्त्रियों के लिए कानून तो बहुत हैं पर

समाज की सदियों पुरानी सोच अभी भी पूरी तरह नहीं बदली है | यही वजह है कि स्त्रियों को प्रताड़ना का शिकार होना पड़ता है | फूलन नारी-अस्मिता के लिए जीवन भर संघर्ष करती रही| इस संघर्ष में उसने बंदूक उठा लिया और दस्यु सुंदरी बन गई | यह बहुत ही आश्चर्यजनक है कि उसने अपराध के रास्ते से गुजर कर भारतीय संसद में भी अपना स्थान बना लिया | परंतु उसे नारी-अस्मिता के संघर्ष की कीमत अंततः अपनी जान देकर चुकानी पड़ी|

फूलन देवी को लेकर लोगों की अलग अलग राय है | कुछ उसे नरसंहारक के रूप में देखते हैं, तो किसी के लिए वो दुष्टों का नाश करने वाली देवी थी | लेकिन यहां हमें पहले ये सोचने की ज़रूरत है कि फूलन देवी ने अपने जीवन में जो भी किया उसके लिए दोषी किसे माना जाए ? उसके पिता को जिसने छोटी सी उम्र में उसे एक अधेड़ के पल्ले बांध दिया ? उस पति का जिसने एक बच्ची पर दया नहीं की ? उन दरिन्दों को जिसने फूलन को लगातार नोचा, उस प्रशासन को जो फूलन को न्याय दिलाने में असमर्थ रही या फिर खुद फूलन को ?

फूलन देवी : सामंती मर्दवाद को चुनौती देने वाली वीरांगना

इस लेख में फूलन देवी के संघर्षों की कहानी का समाजशास्त्रीय विश्लेषण हैं | फूलन के परिवार की वर्तमान स्थिति क्या हैं ? यह लेख भारतीय राजनीति के अवसरवाद का उदाहरण है |

फूलन देवी (10 अगस्त 1963 : 25 जुलाई 2001) की कहानी किसी तिलिस्म से कम नहीं, लेकिन भारत में क्रांति के बीज बोने वाले हर नायक-नायिका को कुटिल षड्यंत्रकारी शक्तियों ने हमेशा से निशाना बनाकर क्रांति की लौ को ही समाप्त करने का प्रयास किया है। फूलन की कहानी हमारे राजनैतिक तंत्र में इस्तेमाल करने के बाद व्यक्ति को भुला देने की कहानी भी है। उसकी कहानी एक वीरांगना के वापस से 'भारतीय नारीकरण' के बाद तिरिष्कृत होने की कहानी भी है।इस विषय में खोजबीन करने वाले पत्रकार का कहना है " मैं फूलन को जिस नजरिये से देखता हूँ, उसकी बात रखना चाहूंगा। मैंने उत्तर प्रदेश में मल्लाह,

मछुआरा, निषाद आदि समुदायों के साथ नजदीक से काम किया है और उसके हालातों को भी मैं बयां कर सकता हूँ। एक बात यह भी कि जब यू ट्यूब पर मैंने फूलन की छोटी बहिन रामकली से बात का विडियो जारी किया तो बहुत लोगों के जरिये समाजवादी पार्टी को भी सन्देश भिजवाया कि आज फूलन का परिवार फटेहाल जी रहा है और माँ बहिन मनरेगा में काम करने को मज़बूर हैं। उसकी माँ आज भी अपनी पुश्तैनी जमीन के लिए लड़ रही है। घर की हालात बहुत जीर्ण क्षीण है, जिसे फूलन ने बनवाने का वादा किया था, लेकिन वह कभी पूरा नहीं कर पायी"|

वो आगे कहते हैं "फूलन की माँ से मिलते समय मेरे मन में मात्र एक प्रश्न था कि वक़्त कैसे करवट बदलता है और कैसे हमारे नेताओं की भाषा और चरित्र भी बदल जाते हैं, वह फूलन के परिवार के साथ किए उनके व्यवहार से जाहिर हो जाता है। क्या विडम्बना है कि जो महिला दो बार सांसद रही हो और जिसका इस्तेमाल राजनीति में नेताओ और पार्टियों ने किया, जिस पर भ्रष्टाचार के आम आरोप भी सवर्णवादी मानसिकता ने लगाए हों, उसकी माँ गरीबी रेखा के कार्ड के लिए मोहताज़ हो, और घर बनवाने के लिए मुख्यमंत्री अखिलेश यादव से विनती कर रही है। आज फूलन के गाँव में ही उनकी मूर्ति लगाने को लोग राजी नहीं है और बतौर उनकी माँ कोई उनका साथ नहीं देता। क्या एक ऐसी नेत्री, जिसे पूरे देश का दलित पिछड़ा समुदाय क्रांति का प्रतीक मानता हो, अपने ही घर में अस्वीकार्य हो सकती है, लेकिन यह हकीकत है क्योंकि अभी भी हमारे अधिकांश समुदाय मनुवाद की गहरी गिरफ्त में हैं, जहाँ महिलाओं का पुरुष सत्ता को ललकारना असभ्य है, जिसकी परिणीति उसके सामाजिक बहिस्कार में ही होती है। फूलन क्योंकि ताकतवर थी और खुद को बचाने के लिए शायद समुदाय को उसकी जरुरत थी, लेकिन आज समुदाय पुनः अपनी परम्पराओं में जीने के लिए अभिशप्त है, और शायद उसी में अपने उत्तर ढूंढता है। यह नहीं है कि फूलन ने इस सामाजिक व्यवस्था के खिलाफ कोई बिगुल फूक दिया हो, लेकिन ये तो हकीकत है कि पितृसत्तातमक समाज को उसने कभी स्वीकार नहीं किया।

इसका मतलब यह है कि चाहे फूलन की जिंदगी को हम जातिवाद के विरुद्ध ललकार बताएं परंतु आज भी उनके अपने घर में पैतृक सम्पति उनकी माँ के नाम या भाई के नाम नहीं हो पायी है और उनकी माँ और बहिन दर-दर भटक रही हैं । बहिन रामकली और माँ दोनों अत्यंत दयनीय हालात में हैं। एक अन्य बहिन रुक्मणी राजनीतिक पार्टी बनाकर अपनी बहिन के अधूरे कार्यो को पूरा करने की बात कहती हैं और उनकी हत्या की सीबीआई जांच की मांग करती हैं। माँ और बेटी की जद्दोजहद में माँ का मुद्दा केवल अपनी पुश्तैनी जमीन को बचाने का है। हकीकत यह है कि पुश्तैनी जमीन पर कब्ज़ा करने के लिए ही उनके चाचा और उनके बेटों ने फूलन की शादी करवा कर उनसे मुक्त होने का प्रयास किया। फूलन की कहानी उस औरत की कहानी है, जिसे बोलने की सजा मिली लेकिन जिसने अपने साथ अत्याचार का प्रतिकार किया"।

बाजार और राजनीति से अलग फूलन का सच

फूलन देवी तो अपनी जिंदगी में ही लीजेंड बन चुकी थी, और इसलिए उनपर कहानियां लिखी गईं और फ़िल्में भी बनीं, लेकिन बाज़ारवाद किस तरीके से उन लोगों को भी वस्तु में बदल सकता है, जो समाज को एक सन्देश दे सकते हैं और जिनकी जिंदगी हज़ारो लोगो की जिंदगी में रौशनी ला सकते हैं। फूलन को सवर्णों ने डकैत कहा तो उनकी बिरादरी के लोगो के लिए वह क्रांतिकारी थी, जिसने सामंती अत्याचार के विरोध में हथियार उठाये और अपने साथ हुए अन्याय का बदला लिया। फूलन की कहानी से कई पहलुओं पर चर्चा हो सकती है। सर्वप्रथम यह कि वह घर में व्याप्त सामंती सोच और पुरुषवादी वर्चस्व का शिकार हुई। उनके पुश्तैनी जमीन पर उनके ताऊ ने कब्ज़ा जमाया। फूलन का पहला विवाह जबरन था, इसलिए उसे बेमेल कहना गलत नहीं होगा, लेकिन हर बार उसने विद्रोह किया। वह अपने पति का घर छोड़ कर आयी, लेकिन फिर परम्पराओं और मान्यताओं के चलते उन्हें दोबारा उसी नरक में खदेड़ दिया गया, जहाँ से वह निकलना चाहती थी।

फूलन अपने तरीके से जिंदगी जीने की आदि थी और उनपर किसी किस्म की रोक-टोक को उन्होंने बर्दाश्त नहीं किया। यह भी हकीकत है कि अलग-अलग जातियो की गिरोह बंदी में वह भी महिला हिंसा का शिकार हुई। उनका इस्तेमाल एक ट्रॉफी के तौर पर हुआ। हालाँकि उन्होंने बेहमई में 22 ठाकुरो की हत्या से साफ़ इनकार किया, लेकिन फिर भी कहानियों में बेहमई में उनका बदला ठाकुरो द्वारा उसके साथ हो रहे अत्याचार और अनाचार को न रोक पाने का विद्रोह था। फूलन के साथ जो हुआ वह, एक भयवाह दुःस्वप्न है, जिसके भय में कोई भी भारतीय महिला आज भी जीती है और जो सामंतवादी मर्दवादी व्यस्था का एक अभिन्न हिस्सा है। महिलाओं पर शारीरिक हिंसा उस जातिवादी सामंतवादी मानसिकता का प्रतीक है, जो महिलाओ की शुचिता को उनकी अस्मिता से जोड़ता है। एक बार महिला का नाम सेक्सुअल वायलेंस से या किसी के साथ जुड़ गया तो ये शुचिता भंग मानी जाती है और उसके बाद उस महिला की सामाजिक पहचान और अस्तित्व को जो चोट पहुँचती है, वह विक्टोरियन ज़माने के क़ानून 'महिला की अस्मत लूटने या वायलेटिंग मॉडेस्टी ऑफ़ वुमन' से साफ़ समझी जा सकती है, जहाँ रेप या सेक्सुअल वायलेंस से महिला की अस्मिता लूटने या ख़त्म होने के आरोपों वाले कानून बने।

फूलन ने अपने ऊपर अत्याचार के कारण रो-रो के लूट-पिट के मरने के बजाये लड़ना और प्रतिरोध करना अपने जीवन का उद्देश्य बनाया, जो आज की परिस्थितियों में महिलाओं में आत्मसम्मान और स्वाभिमान जगाने के लिए आवश्यक है। जब कुछ वर्ष पूर्व दिल्ली में एक सवर्ण तबका निर्भया को अपनी क्रांति का प्रतीक बता कर 'निर्भया एक्ट' लाने की वकालत कर रहा था ताकि बलात्कारियो को फांसी हो, तब भी किसी एक ने फूलन के साथ हुए अत्याचारियों को फांसी पर लटकाने की बात नहीं कही। इतनी ज्यादा फेमिनिज्म की बाते होती हैं, लेकिन अभी तक फूलन के ऊपर हुए अत्याचार के विषय में शायद न तो कोई ऍफ़आईआर है और न कोई स्त्री आंदोलन की कोई मांग। बेहमई को लेकर उन पर कहानियां हैं और पुलिस में ऍफ़आईआर है, लेकिन उनके साथ दुराचार और अनाचार पर कही कोई आंदोलन या मांग नहीं

सुनाई देती। निर्भया को लेकर सुषमा स्वराज ने संसद में कहा था कि वे एक जिन्दा लाश बन चुकी हैं। हम सब जानते है कि निर्भया नहीं रही और शायद आजाद हो गयी क्योंकि उनका समाज उनको जिन्दा लाश ही बनाके रखता। फूलन की ज्वलंतता इस बात में है कि वे जिन्दा लाश नहीं बनी। ख़त्म नहीं हुई और न ही उन्होंने अपनी जिंदगी को ख़त्म समझ लिया और ये हिस्सा भारत की सभी महिलाओ के लिए एक बहुत बड़ा प्रतीक है। जो प्रतीक है इस बात का कि महिलाओं के साथ अत्याचार या दुराचार से उनकी अस्मत और अस्मिता ख़त्म नहीं होती। फूलन ने अपनी जिंदगी को ख़त्म नहीं मान लिया और शायद इसीलिए वो एक लीजेंड बन गईं।

मर्दवाद को चुनौती देना आसान नहीं है, क्योंकि ये हर जगह है पितृसत्ता का सबसे मज़बूत हथियार है। इसलिए फूलन की लड़ाई कोई निषाद और ठाकुरों का संघर्ष नहीं था, अपितु हर कदम कर औरत को एक गुलाम बनाये रखने का प्रतीक के खिलाफ था, हालाँकि यह भी बताया जाता है कि श्री राम और लाला राम और उसके साथी ठाकुर गैंग ने फूलन को अपमानित करने में जाति का सहारा लिया होगा, लेकिन यह भी हकीकत थी के ये सभी साथी, जिसमें विक्रम मल्लाह भी शामिल है, बाबू गुज्जर गैंग के सदस्य थे। मैं गैंग में आपस प्रतिद्वंदिता और उन सवालो पर नहीं जाना चाहूंगा, जो साधारणतया आपराधिक प्रवृत्ति के थे और जहां जाति अपना सबसे बड़ी ढाल बन जाती है। फूलन हर कदम पर अन्याय का मुकाबला करने वाली महिला थी, जो परिस्थितियों का शिकार बनी।

बेहमई में फूलन को क्रूर बताने वालो की कमी नहीं। लेकिन जो बेहमई में सामाजिक जटिलता राजपूतो में है, उसे ख़त्म करने की जरुरत है। वह जटिलता डकैतों की क्रूरता से ज्यादा है। सामाजिक क्रूरताएं कभी-कभी अन्य किसी भी क्रूरता से ज्यादा भयावह होती हैं, क्योंकि उसे ज्यादा समय तक झेलना पड़ता है। फूलन या उसके साथियों की क्रूरता से बहुत मौतें हुईं, लेकिन सामाजिक रीति रिवाज और परम्पराओं के नाम पर जो क्रूरता राजपूतों ने अपनी औरतों के साथ की, वे असहनीय और निंदनीय है। यह जरुरी नहीं कि ये क्रूरताएं केवल राजपूत ही करते

हों, क्योंकि समुदायों के 'अंदर' की बातें कभी कभी बाहर नहीं आतीं।

14 फ़रवरी 1981 को जो २२ लोग बेहमई में फूलन की गोली का शिकार हुए थे, उसमें एक 10-12 साल का नौजवान भी था, जिसकी उम्र अधिकांश लोग 16 वर्ष बता रहे थे। इस युवक की शादी हो चुकी थी। यानि उसकी पत्नी मुन्नी अपने माँ बाप के पास थी क्योंकि विदाई नहीं हुई थी, शायद लड़की की उम्र 10-12 वर्ष ही रही होगी। युवक की मौत की खबर जैसे उसके ससुराल पहुंची तो उसके सभी परिजन दुखी हुए और आनन- फानन में लड़की के भाइयों ने अपनी बहन की विदाई कर दी। उन भाइयों को एक मिनट के लिए ख्याल नहीं आया कि इतनी छोटी बहन को विधवा बनाकर वो कोई अपराध तो नहीं कर रहे। लड़की के माता पिता नहीं थे, इसलिए भाइयों ने अपने कर्तव्य की इतिश्री करने के लिए अपनी बहन को जबरन ससुराल भेज दिया। बहन को विधवा बनाकर विदाई करने में जो ठकुराई भाइयो को नज़र आयी, या जिस किसी भी परंपरा का सम्मान हुआ हो, लेकिन इन्सानियत तो शर्मशार हो गयी। परम्पराओं की खातिर एक बहन को विधवा बनाकर गाँव में भेजा गया। वह रे तेरी ठकुराई। शर्म करो इस ठाकुरशाही पर।

वो कहते हैं "आज इतने वर्षो के बाद जब मैं मुन्नी से मिला तो उनका दर्द उनकी आँखों में था। फूलन की चर्चा होती है, विधवाओ की चर्चा होती है, लेकिन मुन्नी के साथ अन्याय की चर्चा नहीं होती। उसको तो समाज के तथाकथित मूल्यों के लिए जीना था, उसकी जिंदगी में जैसे प्यार के कोई मायने नही। राजपूती शान के लिए एक बहन को उसके जीवन के लिए बलिदान कर दिया गया। फूलन की पूरी कहानी में मुन्नी के दर्द की दास्ताँ मुझे पाखंड की सबसे बड़ी कहानी लगी। सामंतवादी समाज में औरत की दशा ऐसे ही होनी है, चाहे राजपूत हो या कोई और"।

राजपूती शान का आडंबर

बेहमई गाँव में जहाँ २२ लोग मारे गए वहाँ एक स्मारक है, और उसके ऊपर एक तस्वीर है। वह तस्वीर है शेर सिंह राणा की, जिसने तथाकथित राजपूत सम्मान के लिए फूलन का मर्डर कर दिया। शर्मनाक बात यह है

कि बेहमई के लोग चाहे जाने या न जाने उन्होंने शमशेर की फोटो शहीद के तौर पे लगा ली। यानि राजपूती सम्मान किसी मर्डर से तो बढ़ता है, लेकिन अपनी महिला को इज्जत की जिंदगी से नहीं बढ़ता। राजपूतों की महिलायें परदे में रहे और सर झुका के रहें, यही क्या राजपूती सम्मान है? शमसेर राणा राजपूतो का हीरो कैसे हो सकता है, लेकिन आज है।

फूलन अन्याय के खिलाफ लड़ी, लेकिन मुन्नी राजपूती शान पर कुर्बान कर दी गयी। जब आपको विद्रोह करना पड़ेगा तो इन परम्पराओ से अपने को दूर करना पड़ेगा। बेहमई की एक राजपूत महिला ने कहा कि जमाना बदल रहा है और अब वो पुराने मनुवादी मापदंड नहीं चलेंगे। आज नए लोग सेना और अर्धसैनिक बलो में जा रहे हैं। अब लडकियां पढ़ रही हैं। बेहमई में इतने वर्षो में कोई नहीं आया, लेकिन आज गाँव की स्थिति सुधरी है। वहां की सड़कों की स्थिति बदली है।

कालपी में, फूलन के गाँव में, अब लोग फूलन का नाम नहीं लेते और उसकी बहन उसकी मौत की सीबीआई जांच की बात करती है। भ्रष्टाचार और जातिवाद के विरुद्ध जंग जारी है, लेकिन क्या देश का दलित पिछड़ा समाज इस बहस का हिस्सा बनेगा? क्या फूलन का संघर्ष हमारे देश के महिलाओ के संघर्ष की दास्तान बनेगा? क्या हम जातिवादी मनुवादी पितृसत्ता की कमर तोड़ने के लिए काम नहीं करेंगे।

फूलन आज नहीं हैं, लेकिन उनका संघर्ष हमें प्रेरणा देता रहेगा। आज मनुवाद हम पर हावी है। संघर्ष से नए नेतृत्व का निर्माण होता है। हम उम्मीद करते हैं कि फूलन के जीवन संघर्ष से लाखों महिलाओं को समाज में आत्म-सम्मान से जीने की ताकत मिलेगी।

3

सीमा परिहार

जेलर साहब मर्द होकर औरतों से मेरी तलाशी कराते हो...तुम्हें डर है कि, मैं जेल में बम-हथियार ला सकती हूं| जेल की चार-दीवारी को तोड़कर फरार हो सकती हूं| जेलर होकर भी तुम बुजदिलों की तरह मुझसे घबरा रहे हो| मुझे तुम पर हंसी और तुम्हारी मर्दानगी पर शर्म आ रही है| मर्द होकर औरतों की सी हरकतें करना बंद करो| मैं औरत होकर भी, कभी भी जेल के भीतर रिवॉल्वर लाकर तुम्हें दिखा और समझा दूंगी कि एक औरत के भीतर छिपा मर्द कितना बहादुर होता है?

....यह बॉलीवुड या फिर हॉलीवुड की किसी मसालेदार फिल्म की बंद कमरे में लिखी गई स्क्रिप्ट नहीं, बल्कि चंबल के खुले और डरावने बीहड़ से बिग-बॉस तक का सफर पूरा कर चुकी दस्यु सुंदरी सीमा परिहार के शब्द हैं|

रूह कंपा देने वाली यह नसीहत सीमा परिहार ने इटावा जेल के जेलर को खुलेआम दे डाली थी| जिस सीमा परिहार की खूबसूरती के चलते चंबल घाटी के खतरनाक बागी (डाकूओं) सरदारों में खून-खराबा होता रहा| जिस सीमा परिहार के नाम से पुलिस माथे पर आया पसीना पोंछना भूल जाती थी| जिस सीमा परिहार की बंदूक की गड़गड़ाहट और बुलंद आवाज बीहड़ के जंगली जानवरों की आवाजों को दबा देती हो| वही सीमा परिहार दो जून की रोजी-रोटी के जुगाड़ में दर-ब-दर भटकती

रही |

अपने जमाने की सबसे खतरनाक और बागी (डकैत) जीवन को चंबल के खुले जंगल में दबंगई के साथ बिताने वाली, वही सीमा परिहार, आज 5 गज चौड़ाई वाले एक छोटे से सीलन और दीमक भरे संकरे मकान में जिंदगी बसर करने को मजबूर हैं?

वह डरावनी बरसाती रात और बंदूकों की गर्जना

'मूसलाधार बरसात हो रही थी | वह चौमास (जुलाई) की रात थी | 9 या 10 बजे का वक्त रहा होगा | दिन तारीख याद नहीं | हां, सन् 1983 रहा होगा | हम चारों बहन और दो भाई, मां-बाप के साथ बरसात की कड़कड़ाती डरावनी बिजली से डरे-सहमे हुए कच्चे मकान में दुबके बैठे थे | तेज हवाएं उस रात को और भी डरावना बना रही थीं |'बारिश और बिजली कड़कने की आवाज के सिवाय बबाइन गांव (थाना अजीतमल, उस वक्त जिला इटावा अब थाना अयाना जिला औरैया) में और दूसरी कोई आवाज सुनाई नहीं दे रही थी | अचानक हमारे कच्चे मकान के दरवाजे पर गोलियां चलने लगीं | उन दिनों चंबल के डाकू इसी तरह रात के अंधेरे में किसी के भी घर में घुस पड़ते थे | गोलियों की आवाजें सुनकर हम सब भाई-बहन कोठरी के कोने में छिप गए | इतने में हथियारबंद तीन-चार डकैत एक महिला के साथ हमारे सामने आ धमके | उन सबने मुझे जबरन परिवार वालों के बीच से घसीटा और साथ ले जाने लगे | मैं, मेरे छोटे-छोटे भाई-बहन, मां-बाप लाख गिड़गिड़ाए, डाकुओं के पांवों से लिपट गए हम सब, उन्होंने फिर भी रहम नहीं खाया और मेरा अपहरण करके चंबल के बीहड़ में ले गए |

देखने-सुनने में किसी हॉरर फिल्म की सी कहानी लगने वाली आपबीती सुनाते-सुनाते पूर्व दस्यु सुंदरी सीमा परिहार की आंखे भर आती हैं और मुठि्ठयां गुस्से से भिंच जाती हैं |

रात भर भागी, यमुना नदी पार कर चंबल के बीहड़ में पहुंची

गांव से डाकू पैदल ही दौड़ाते, मारते-पीटते और जान से मार डालने की धमकियां देते हुए बीहड़ (चंबल घाटी) में ले गए | मात्र 13 साल की उम्र और बरसाती रात में घर से चंबल के जंगल में डाकुओं के अड्डे तक पहुंचने के लिए करीब 35 किलोमीटर का पैदल का सफर तय किया | बागियों के अड्डे पर पहुंची तो पता चला अपहरण करने वाला चंबल घाटी का कुख्यात लाला राम बागी (डाकू) था | मेरा अपहरण करने में लाला राम के साथ उस रात महिला डकैत कुसुमा नाइन, सुरेश लोधी और मुखमल सिंह भी थे |

पहली बार जब बीहड़ में चलाई बंदूक

अपहरण के बाद चंबल में पहुंची तो सोचा कि घर वालों ने पुलिस थाने में शिकायत दर्ज करा दी होगी | आज नहीं तो कल...पुलिस डाकूओं के कब्जे से छुड़ा लेगी | इसी इंतजार में दिन, महीने और साल गुजर गए | धीरे-धीरे पता लगा कि पुलिस ने मुझे डाकुओं के अड्डे से छुड़ाने के बजाए, मेरे मां-बाप को ही जेल में डाल दिया है | उन पर आरोप लगाया कि मैं (सीमा परिहार) डाकू बन गई हूं | घर की कुर्की कर दी गई | जब पुलिस ने मुझ जैसी कम उम्र लड़की को छुड़ाने के बजाए डाकू बना डाला, तो फिर घर-परिवार, समाज सब भुला दिया |

एक दिन डाकुओं के गिरोह के साथ जालौन जिलान्तर्गत चंबल के जंगल में मौजूद शिव मंदिर पर पहुंची | शाम के आठ बजे का वक्त रहा होगा | रात घिर आई थी | शंकर जी के मंदिर पर खड़े होकर पहले दुनाली बंदूक से चार हवाई फायर किए | हिम्मत बढ़ी तो साथी डाकू से उसकी 315 बोर की राइफल लेकर दो राउंड राइफल से फायर किए |

पुलिस की रूह कंपा देने वाली सीमा परिहार को भी डर लगता है

चंबल घाटी के डाकुओं को देखने की बात तो दूर...उनके नाम से ही आम इंसान की घिग्घी बंध जाती थी | घाटी में जब कभी पुलिस का इन डाकुओं से मुकाबला होता तो पसीना पुलिस को ही आता था | सीमा परिहार के नाम का खौफ 17 साल तक चंबल के जंगल में बरकरार रहा |

इसके बाद भी आपको हैरत होगी यह जानकर कि सीमा परिहार को भी किसी से डर लगता है | सीमा परिहार के अनुसार , 'मैंने बीहड़ में ऐसा कोई हथियार नहीं है, जो न चलाया हो...मुठभेड़ों के दौरान पुलिस पर हथगोले भी खूब फेंके....मुठभेड़ों के दौरान कई बार अपने साथी डकैतों को गोलियों से मरते देखा....कई बार हमारी (डाकुओं) की गोलियों से पुलिस वालों की लाशें बिछते देखीं...मगर यह तो डाकू जीवन का हिस्सा था | जब बीहड़ में पहुंच ही गई तो फिर मौत का खौफ खत्म हो गया | हां, बीहड़ की जिंदगी में मुझे सबसे ज्यादा डर देसी हथियारों मसलन देसी तमंचे, राइफल और बंदूकों से लगा | देसी हथियार कभी भी धोखा देकर चलाने वाले की ही जान ले लेते हैं | मैंने हमेशा पुलिस से लूटे या फिर फैक्टरियों में बनाए गए हथियारों का ही इस्तेमाल किया"|

पहली बार गरीब पिता ने थाना देखा...वहां भी पुलिस ने दीं गालियां

बेटी के अपहरण की शिकायत दर्ज कराने मेरे गरीब पिता अगली सुबह थाने पहुंचे | वहां मेरे अपहरण का साजिशकर्ता और उस वक्त गांव का सरपंच पहले से थाने में मौजूद था | आरोपी सरपंच से मिलीभगत के चलते थाने में मौजूद दारोगा जितनी बेइज्जती मेरे पिता की कर सकता था उसने किया | जी-भर के गालियां भी दीं | मेरे पिता ने थानेदार के सामने लाख हाथ-पैर जोड़े, मिन्नतें कीं, मगर उन्हें वहां पुलिस से सिवाए गालियों और धमकियों के कुछ नहीं मिला |

बीहड़ में प्यार, शादी और फिर मां बनने वाली पहली महिला डकैत

सीमा परिहार के अनुसार, 'चंबल की जिंदगी को जब अपनाया तो फिर न आगे की सोची न पीछे की | अपहरण करने वाले डाकू लाला राम से प्यार हुआ | लाला राम से गर्भवती हुई | और चंबल में किसी डाकू से गर्भवती होकर बिन ब्याही मां बनने वाली पहली महिला डकैत भी बनी|'

सीमा परिहार से भयभीत पुलिस ने डाकू पति की लाश रात में ही फूंक दी

आम आदमी से ज्यादा खौफ सीमा परिहार का पुलिस पर था | इसकी एक बानगी तब देखने को मिली जब, मुठभेड़ के बाद सीमा परिहार के

पति डाकू निर्भय गुर्जर की लाश देने की हिम्मत भी यूपी पुलिस नहीं जुटा पाई | यूपी पुलिस के जेहन में सीमा के भय का आलम यह था कि पुलिस ने सीमा के मौके पर पहुंचने से पहले ही डाकू निर्भय गुर्जर की लाश का आनन-फानन में दाह-संस्कार कर दिया | पुलिस को आशंका थी कि सीमा परिहार पुलिस के कब्जे से लाश छीनने के लिए किसी भी हद तक जा सकती है |

दूसरी जेल की रोटी खाने से जेलर को साफ मना कर दिया

सीमा के मुताबिक दिसंबर 2000 में सरेंडर कर दिया | उसके बाद कोर्ट-कचहरी-थाने-चौकी के चक्कर काटना शुरू हुआ | तीन साल, तीन महीने इटावा जेल में रही | एक बार ऐसा भी मौका आया जब अदालत में पेशी से वापसी में लेट हो गयी | लिहाजा कानपुर जेल में एक रात के लिए बंद किया गया | जेलर ने रोटी भिजवाई | मैंने जेलर से साफ कह दिया कि एक रात के लिए मैं इटावा के बजाए कानपुर जेल की रोटी क्यों खाऊं? मुकद्दर की तेज थी | इटावा जेल में ही तीन साल तीन महीने का वक्त काटकर 7 मई 2004 को जेल से बाहर आ गई |

जब सोचा बंदूक उठाकर दोबारा चंबल के बीहड़ में कूद जाऊं

4 अक्टूबर 2006 की बात है | उत्तर प्रदेश पुलिस ने मेरे भाई राम कुमार को गाजियाबाद में कथित मुठभेड़ में मार डाला | आधी रात को मैं हिंडन नदी किनारे मौजूद पोस्टमार्टम हाउस पहुंची | भाई की क्षत-विक्षत लाश पोस्टमार्टम हाउस में बिना कपड़े के पड़ी थी | उसका पेट फटा हुआ था | दोनों हाथ कुल्हाड़ियों से काटे हुए से दिखाई पड़ रहे थे | मेरे पास भाई के कफन के लिए पैसे नहीं थे | एक दारोगा के कमरे से मंगाई चादर में लपेट कर भाई की लाश दिबियापुर (जहां अब सीमा रह रही हैं) ले आई | रास्ते में सोच रही थी कि, क्यों न पुलिस को सबक सिखाने के लिए फिर से बंदूक लेकर चंबल के बीहड़ में कूद जाऊं | जंगल में उतरने का पूरा प्लान बना लिया | भाई की लाश लेकर जब घर पहुंची तो घर में उसके 10 महीने के मासूम बेटे को देखा | बस उसका चेहरा देखकर सोचा कि, अगर मैं दोबारा चंबल में उतर गई तो यह बच्चा और आने वाली पीढ़ियां

भी बर्बाद हो जाएंगी |

सीमा को जिंदा या मुर्दा लाने वाले को 40 लाख

पुलिस बदमाश के सिर और बदमाश द्वारा पुलिस के सिर पर तो मोटी इनामी राशि की घोषणा करने के किस्से तो अक्सर देखे सुने पढ़े जाते रहे हैं मगर डाकू के परिवार ने दस्यु सुंदरी सीमा परिहार के सिर पर ही 40 लाख का इनाम रख दिया | यह परिवार था सीमा परिहार के मुख्य अपहरणकर्ता और बाद में सीमा का प्रेमी और सीमा की संतान का पिता बना डाकू लाला राम का |

लाला राम के परिवार को आशंका थी कि सीमा परिहार की मुखबिरी पर ही लाला राम मारा गया | लिहाजा उन्होंने सीमा को जिंदा-मुर्दा उनके हवाले किए जाने पर ऐसा करने वाले को 40 लाख की मोटी रकम की घोषणा कर दी थी | यह भी सीमा परिहार का ही दावा है |

बीहड़ के बाहर निकली तो माया मिली न राम

जिस सीमा परिहार के नाम से अच्छे-अच्छों को पसीना आता था, वक्त के साथ सब कुछ बदल गया | जंगल से बाहर आई तो एक दो टीवी सीरियल में काम किया | सलमान खान फेम बिग-बॉस में गईं | खुद पर बनी फिल्म 'वुंडेड' में काम किया | फिल्म की शोहरत लंदन तक हुई | सरेंडर के वक्त सरकार ने दोनों भाइयों को सरकारी नौकरी, सीमा परिहार को सुरक्षा के लिए हथियार का लाइसेंस और रहने के लिए घर देने का वायदा किया था | यह अलग बात है कि नौकरी देने के बजाए, एक भाई को पुलिस ने मुठभेड़ में ढेर कर दिया | हथियार का लाइसेंस अब तक नहीं मिला | अगर अब मिल भी जाए तो सीमा के पास हथियार खरीदने तक को पैसे नहीं हैं |

दीमक और सीलन भरे मकान में रहने को मजबूर

सरकार कब मकान रहने को देगी भविष्य के गर्भ में है | हां, दिबियापुर (जिला औरैया) के जिस छोटे और संकरे 5 गज चौड़े मकान में सीमा फिलहाल अपने दो भाइयों के परिवार के साथ रह रही हैं, उसमें कई वर्ष से

गरीबी के चलते रंगाई-पुताई नहीं हुई है | दीवारों पर दीमक और सीलन लग गई है | बिग-बॉस से जो रकम हासिल हुई थी उससे कुछ कर्जा निपटा दिया...बाकी रकम दो जून की रोटी के जुगाड़ में खर्च हो गई | अब उधार की जिंदगी का सहारा भर बचा है |

टी वी सो बिग बॉस और फिल्म में अदाकारी

चंबल के बीहड़ों में आतंक का पर्याय रही दस्यु सुंदरी सीमा परिहार टीवी चैनल पर एक अनोखे किरदार में अपना जलवा बिखेरा हैं। 'कलर्स' पर प्रसारित हो रहे रियलिटी शो 'बिग बॉस' में छायी सीमा को पूरे देश ने रोमांचित होकर देखा है। इटावा निवासी सीमा इससे पहले फिल्म 'वुंडेड' में अपनी अदाकारी का लोहा मनवा चुकी हैं। इस फिल्म को ऑस्कर के लिए नामित भी किया गया था।

बीहड़ों में एक दशक तक राज करने वाली सीमा परिहार मूल रूप से इटावा के बिठौली थाना क्षेत्र के गढ़िया अनेठा गाँव निवासी बलवान सिंह परिहार के पुत्र शिरोमणि सिंह की सबसे छोटी पुत्री हैं। बड़ी बहनों की शादी के बाद शिरोमणि सिंह गढ़िया छोड़कर औरैया में अयाना के बबाईन गाँव में बस गए। सीमा जब 13 साल की थी तभी दस्यु लालाराम परिहार ने उनका अपहरण कर लिया था। लालाराम गैंग के जय सिंह की नजर सीमा पर पड़ी तो वह बगावत कर सीमा को लेकर कहीं और रहने लगा। बाद में दस्यु सरगना रामआसरे उर्फ फक्कड़ के कहने पर जय सिंह ने सीमा को निर्भय गुजर को सौंप दिया। फक्कड़ ने 5 फरवरी 1999 को बीहड़ के एक मंदिर में सीमा का विवाह निर्भय से करा दिया और खुद कन्यादान किया। बाद में लालाराम ने सीमा को फक्कड़ से छीन अपनी रखैल बना लिया। इस पर फक्कड़ ने निर्भय से अलग होकर खुद का गैंग बनाया। सीमा को लेकर फक्कड़ और निर्भय में गैंगवार भी हुआ।

वर्ष 2000 में लालाराम कानपुर देहात (अब रमाबाईनगर) में पुलिस मुठभेड़ में मारा गया। 2003 में सीमा ने औरैया में एसपी ब्रजेंद्र शर्मा के समक्ष आत्मसमर्पण कर दिया। तब सीमा पर अपहरण, लूट आदि के 36 मुकदमे थे। इनमें से 3 को छोड़कर सभी मामलों में वह बरी हो चुकी हैं।

सीमा के आत्मसमर्पण के बाद फिल्म निर्माता कृष्णा मिश्र ने उसे वुंडेड फिल्म में मौका दिया। सीमा के जीवन पर बनी यह फिल्म 2007 में प्रदर्शित हुई और यमुना चंबल क्षेत्र से जुड़े जिलों में जमकर सराही गई। यहाँ तक कि कृष्णा मिश्र ने शूटिंग के लिए सीमा की हाईकोर्ट से जमानत करवाई थी। हाल ही में मुंबई की बायोकॉम 18 मीडिया प्राइवेट लिमिटेड कंपनी ने रियलिटी शो बिग बॉस के लिए सीमा से संपर्क किया। औरैया के सिनेमाघर के मालिक और टीवी कलाकार राजू चड्ढा उसे लेकर मुंबई गए और आयोजकों के समक्ष इंटरव्यू करवा उसे शो में शामिल करवाया। रविवार को कलर्स चैनल पर जब बिग बॉस का पहला एपिसोड प्रसारित हुआ तो औरैया के लोगों में सीमा को देखने के लिए काफी उत्सुकता थी। सीमा ने भी अनोखे अंदाज में धमाकेदार इंट्री की। सीमा ने लोक भाषा में बीहड़ के अनुभव और बातों का बखान किया तो बिग बॉस के घर में मौजूद अन्य कलाकार सहम से गए। सीमा से जब पूछा गया कि बिग बॉस से मिलने वाले रुपयों से वह क्या करेंगी तो बोलीं कि वह अपने बेटे सागर का भविष्य बनाने पर खर्च करेंगी। उन्होंने सागर को डॉक्टर बनाने की इच्छा जताई।

****

लोकसभा चुनाव भी लड़ चुकीं सीमा परिहार

औरैया। 'वुंडेड' रिलीज होने के बाद सीमा ने राजनीतिक क्षेत्र में भी हाथ आजमाने का प्रयास किया। इंडियन जस्टिस पार्टी के प्रत्याशी के तौर पर 2005 में भदोही लोकसभा क्षेत्र से उपचुनाव लड़ा। बाद में समाजवादी पार्टी में शामिल हो गईं। इसके बाद रेल आंदोलन में धरना दिया, बिजली समस्या पर नगरवासियों के साथ एसडीओ को चूड़ियाँ पहनाकर सामाजिक उत्तरदायित्व का निर्वहन किया। बिग बॉस में चयन के बाद सीमा ने न सिर्फ कीर्तिमान रचा, बल्कि औरैया व दिबियापुर का नाम पूरे देश में रोशन कर दिया।

चम्बल के बियाबान जंगल में हुई मोहब्बत

आज की लड़कियां, महिलाएं फेसबुक पर हुए प्यार को प्यार कहने लगी हैं | इसीलिए अब प्यार की परिभाषाएं बदल गई हैं | आज प्यार में "निजी स्वार्थ" घुस चुका है | प्यार तो "त्याग" और "समर्पण" का सबसे

बड़ा द्योतक है | करीब 18 साल चंबल की घाटी में बहैसियत खूंखार दस्यु बागी डाकू रहने वाली | सीमा परिहार की निजी जिंदगी में झांकने पर बहुत से उतार चढ़ाव-देखने को मिलते हैं | ऐसा नहीं है कि सीमा को चंबल के बियाबान जंगल में 'मोहब्बत' की कमी या अकाल था | यह अलग बात है कि उन्हें मोहब्बत तो हुई मगर उनका प्यार "परवान" नहीं चढ़ सका | इसका मलाल सीमा के दिल-ओ-जेहन पर कई बार साफ-साफ देखने को मिला |

हालांकि सीमा परिहार जीवन में एक ही शख्स (पूर्व दस्यु सरगना लाला राम डाकू) से मोहब्बत होने की बात कबूलती हैं | सच्चाई मगर इसके इतर है | कहा जाता है कि सीमा को अपने दस्यु जीवन में चंबल के दो सबसे खूंखार नाम रहे डाकू सरगना निर्भय सिंह गुर्जर और लाला राम से बेपनाह मोहब्बत हुई थी | अपने पहले प्यार की सच्चाई के बारे में पूछने पर सीमा परिहार ने सब कुछ बेबाकी से बयान कर डाला | बकौल सीमा परिहार,डाकू निर्भय गुर्जर से उन्हें मोहब्बत नहीं हुई थी | 'जिस लाला राम ने मेरा 10-11 साल की उम्र में अपहरण किया था | उसके गैंग में मेरे पहुंचते ही वह गैंग बदनाम होने लगा था | बदनामी इस बात की कि, उसूलों की लड़ाई के लिए चंबल में कूदने वाले बागी दस्यु सरगना अब अय्याशी करने लगे हैं' |

मेरी मोहब्बत की हर पुरानी कहानी फर्जी है

'लड़कियों, औरतों ,मां, बहन ,बेटियों की इज्जत से चंबल के डाकू खिलवाड़ करने लगे हैं | लिहाजा इस बदनामी के दाग से बचने के लिए चंबल घाटी के सबसे खूंखार निर्भय गुर्जर से मेरी शादी करा दी गई | बात चूंकि गैंग की इज्जत आबरू की थी लिहाजा मैं निर्भय गुर्जर के साथ बिना मर्जी के भी शादी करके रहने को मजबूर हो गई | निर्भय गुर्जर से मेरी मोहब्बत का हर किस्सा कहानी जो भी अब तक मीडिया ने छापे दिखाए वे सबके सब फर्जी या कहिए झूठे हैं|' सीमा परिहार तो चंबल का बहुत बड़ा और खूंखार डाकू नाम थीं | सीमा परिहार ने दबाव में निर्भय गुर्जर डाकू के साथ शादी का विरोध क्यों नहीं किया? पूछने पर सीमा

परिहार ने अपनी मजबूरी और अधूरी मोहब्बत की कहानी बताई |

सीमा परिहार की मोहब्बत का सच यह है

“मीडिया और समाज में मेरे प्यार, शादी को लेकर इतनी बे-सिर पैर की बातें छप गई हैं कि, अब मैं उन पर ध्यान देना नहीं चाहती हूं | मेरी मोहब्बत पर मीडिया ने जो कुछ मनगढ़ंत बयानबाजी छाप कर अपनी छपास की भड़ास निकाली है वो मीडिया को मुबारक हो | **‘टीवी9 भारतवर्ष** ने आज करीब 20 साल बाद (सीमा परिहार के सरेंडर और जेल से बाहर आने के बाद से) सही सवाल मुझसे पूछा है | वो भी ‘वैलेन्टाइन डे’ के मौके पर, तो मैं अब जो बता रही हूं वही सच है , न उसके आगे कुछ न पीछे | बाकी अब तक जो कुछ जमाने में पढ़ा-सुना है वो सब बकवास है | मेरी डाकू निर्भय गुर्जर से जबरिया शादी सिर्फ लालाराम डाकू के गैंग को चंबल में बदनामी के दाग से बचाने के लिए करवाई गई थी | वह भी उस जमाने में चंबल में सबसे बुजुर्ग और डाकू लाला राम गैंग में सबसे इज्जतदार, रुतबे-रसूखदार समझे जाने वाले कुछ बुजुर्ग डाकूओं के सलाह पर |

लिहाज में नहीं कर सकी तब शादी का विरोध

मेरे गैंग के सरगना डाकू लाला राम ने डाकू फक्कड़ बाबा, महिला डकैत कुसुमा नाईन, जय सिंह गुर्जर और डाकू भूरे पंडित के कहने पर मेरी शादी मुझसे तीन साल जूनियर डाकू निर्भय गुर्जर से जबरदस्ती करवा दी | वो जबरदस्ती की शादी नहीं चलनी थी सो नहीं चली | तीन साल बाद ही मैं डाकू निर्भय गुर्जर से अलग हो गई उसके बाद मुझे अपने ही गैंग के लीडर लाला राम डाकू के साथ सच्चा प्यार हुआ था | लाला राम से शादी की | लाला राम से शादी के बाद मुझे एक बेटा हुआ | वह बेटा अब ग्रेजुएशन की पढ़ाई पूरी कर चुका है | बाद में लाला राम डाकू भी “प्यार” के मामले में कच्चा निकल गया और मैं उससे अलग हो गई |

प्यार और पति मिला सब कुछ, मगर बचा कुछ नहीं

प्यार के रूप में सीमा परिहार को यूं तो उसका मुख्य अपहरणकर्ता और चंबल में सबसे खतरनाक गैंग का लीडर लाला राम ही उसका प्रेमी बना | पति के रूप में गैंग का जूनियर डाकू निर्भय गुर्जर भी मिला | आज सीमा के पास न प्रेमी है न पति | दोनों को ही पुलिस ने मुठभेड़ में ढेर कर दिया | पति और प्रेमी के पुलिस मुठभेड़ में ढेर किए जाने पर भी उंगली सीमा परिहार की ओर ही उठी थी | कहा गया था कि दोनों की मुखबिरी सीमा ने पुलिस से की, तभी पुलिस ने उन्हें मार डाला | हालांकि सीमा इन आरोपों से इनकार करती है |

दहशत, नफरत और प्रेम कहानियों का चंबल

सितंबर 2010 -अब नहीं सुनाई पड़ती दस्यु सुन्दरियों की चूड़ियों की खनखनाहट |चंबल आजकल सन्नाटे में है, कल तक बीहड़ो में दस्यु सुंदरियों के सौतिया डाह के चलते जहां चूड़ियों की खनखनाहट और गोलियों की तड़तड़ाहट आम बात थी, आज वहां सन्नाटा पसरा है। न ही पंचायती चुनाव में किसी दस्यु का फतवा जारी हुआ है और न ही कोई पाती किसी को डकैतों द्वारा भेजी गई है। ज्ञात हो कि उत्तर प्रदेश एवं मध्य प्रदेश के ज्यादातर दस्यु गिरोहों के खात्में के चलते पहली बार ऐसा देखने को मिला कि पंचायती चुनाव चाहे वह बुंदेलखण्ड हो या इटावा, भिंड-मुरैना , कहीं भी इस बार दस्युओं का खौफ, जो ग्रामीण मतदाताओं के सिर चढ़ बोलता था, नजर नही आया| बल्कि ग्रामीण जब चर्चा छेड़ते हैं तो ऐसा प्रतीत होता है कि स्थितियां चाहे जो भी रहीं हों, किन्तु कई दस्यु ऐसे रहे जिन्हें आज भी लोग डकैत नही बल्कि बागी कहना ज्यादा अच्छा मानते हैं |

बुज़ुर्ग ग्रामीणों के मुताबिक चंबल घाटी के डाकुओं के भी अपने आदर्श और सिंद्धांत हुआ करते थे | अमीरों को लूटना और गरीबों की

मदद करना यहां के डाकुओं का शगल हुआ करता था | अन्याय और शोषण के खिलाफ विद्रोह करने वाले ये लोग पुलिस की फाइलों में भले ही "डाकू" के नाम से जाने जाते हों, लेकिन यहां के लोग उन्हें सम्मान से "बागी" कहते हैं | बागी यानी अन्याय के खिलाफत बगावत करने वाला... मानसिंह और मलखान सिंह जैसे दस्यु सरगनाओं की गौरव गाथाएं और आदर्श की मिसाल यहां के बच्चे-बच्चे के मुंह से सुनाई देती है | चंबल के पुरानी पीढ़ी के डाकू महिलाओं का बहुत सम्मान करते थे | डाकू डकैती के समय महिलाओं को हाथ नहीं लगाते थे | महिलाओं का मंगलसूत्र डाकू कभी नहीं लूटते थे | अगर डकैती वाले घर में बहन-बेटी आ रुकी है तो इज्जत पर हाथ डालने की बात तो दूर, डाकू उनके गहनों तक को हाथ नहीं लगाया करते थे |

पहली और दूसरी पीढ़ी के डाकू इस सिद्धांत और आदर्श को मानते थे | तब गिरोह में किसी महिला सदस्य का प्रवेश वर्जित था | लेकिन तीसरी पीढ़ी के डाकुओं ने अपने आदर्श बदल लिए | चंबल के बीहड़ों में लंबे समय तक कार्यरत रहे एक पूर्व पुलिस अधिकारी के मुताबिक "तीसरी पीढ़ी के डाकुओं ने न केवल महिलाओं पर बुरी नजर डालनी शुरु की, बल्कि उन्हें अपहृत कर बीहड़ में भी लाने लगे | अस्सी और नब्बे के दशक में जितनी महिला डकैत हुई, उनमें से ज्यादातर का डाकू गिरोह के सरदार द्वारा अपहरण किया गया था |"

चंबल घाटी के इतिहास में पुतलीबाई का नाम पहली महिला डकैत के रूप में दर्ज है | बीहडों में पुतलीबाई का नाम एक बहादुर और आदर्शवादी महिला डकैत के रूप में सम्मानपूर्वक लिया जाता है |गरीब मुस्लिम परिवार में जन्मी गौहरबानों को परिवार का पेट पालने के लिए नृत्यांगना बनना पड़ा | इस पेशे ने उसे नया नाम दिया-पुतलीबाई | शादी-ब्याह और खुशी के मौकों पर नाचने-गाने वाली खूबसूरत पुतलीबाई पर सुल्ताना डाकू की नजर पड़ी और वह उसे जबरन गिरोह के मनोरंजन के लिए नृत्य करने के लिए अपने पास बुलाने लगा | डाकू सुल्ताना का पुतलीबाई से मेलजोल बढ़ता गया और दोनों में प्रेम हो गया | इसके बाद पुतलीबाई अपना घर बार छोड़ कर सुल्ताना के साथ बीहड़ों में रहने लगी | पुलिस इनकाउंटर में सुल्ताना के मारे जाने के बाद

पुतलाबाई गिरोह की सरदार बनी और 1950 से 1956 तक बीहड़ों में उसका जबरदस्त आतंक रहा | पुतलीबाई पहली ऐसी महिला डकैत थी, जिसने गिरोह के सरदार के रूप में सबसे ज्यादा पुलिस से मुठभेड़ की |

बताया जाता है कि एक पुलिस मुठभेड़ में गोली लगने से पुतलीबाई को अपना एक हाथ भी गंवाना पड़ा था | बावजूद इसके उसकी गोली चलाने की तीव्रता में कोई कमी नहीं आई | छोटे कद की दुबली-पतली फुर्तीली पुतलीबाई एक हाथ से ही राइफल चला कर दुश्मनों के दांत खट्टे कर देती थी | सुल्ताना की मौत के बाद गिरोह के कई सदस्यों ने उससे शादी का प्रस्ताव रखा लेकिन सुल्ताना के प्रेम में दीवानी पुतलीबाई ने सबको इनकार कर काँटों की राह चुनी | कभी चंबल के बीहड़ों में आतंक के पर्याय रह चुके पूर्व दस्यु सरगना मलखान सिंह पुतलीबाई के साहस और सुल्ताना के प्रति समर्पण भावना की प्रशंसा करते नहीं थकते | पुतलीबाई के साहस की मिसाल देते हुए मलखान सिंह कहते हैं "वह 'मर्द' थी और मुठभेड़ में जमकर पुलिस का मुकाबला करती थी | बीहड़ में अपनी निडरता और साहस के लिए जानी जाने वाली डाकू पुतलीबाई 23 जनवरी, 1956 को शिवपुरी के जंगलों में पुलिस इनकांउटर में मार दी गई थी |

पुतलीबाई के बाद कुसमा नाइन को खूंखार दस्यु सुंदरी के रूप में जाना जाता है | 90 के दशक में चंबल के बीहड़ों में कुसमा ने अपने आतंक का डंका बजा रखा था | दस्यु सरगना रामआसरे उर्फ फक्कड़ के साथ रही कुसमा ने आखिर तक फक्कड़ का साथ नहीं छोड़ा | कुसमा उत्तर प्रदेश के जालौन जिले के टिकरी गांव की रहने वाली है | विक्रम मल्लाह गिरोह का माधो सिंह कुसमा को उठा कर अपने साथ बीहड़ में ले गया था | यह बात 1978 की है | बाद में गिरोह बंटने पर कुसमा नाइन कुछ दिनों लालाराम गिरोह में भी रही किन्तु सीमा परिहार से लालाराम के निकटता के चलते वह राम आसरे उर्फ फक्कड़ के साथ जुड़ गई। करीब दस साल फक्कड के साथ बीहड़ों में बिताने के बाद 8 जून, 2004 को भिंड में मध्य प्रदेश पुलिस के सामने उसने आत्म समर्पण कर दिया | कुसमा फक्कड़ को इस कदर प्रेम करती थी कि जब 2003-04 में फक्कड़ बुरी तरह बीमार था और बंदूक उठाने में असमर्थ था, तब कुसमा

न केवल उसकी सेवा करती थी, बल्कि साये की तरह हमेशा उसके साथ रहती थी | इस दौरान कई मुठभेड़ में वह फक्कड़ को पुलिस से बचाकर भी कई बार सुरक्षित स्थान पर ले गई |

कुसमा फक्कड़ को लेकर जितनी कोमल थी, दुश्मनों के लिए उतनी ही निर्दयी और बर्बर | दस्यु फूलन देवी के द्वारा 14 फरवरी 1981 को किये गये बेहमई कांड, जिसमे फूलन ने एक साथ करीब 22 ठाकुरों को लाइन में खड़ा कर मौत के घाट उतार दिया था, का बदला कुसमा ने 23 मई को उत्तर प्रदेश के औरैया जिले के मईअस्ता गांव के 13 मल्लाहों को एक लाइन में खड़ा कर फूलन की तर्ज पर ही गोलियों से भून कर लिया था। इतना ही नहीं फक्कड गिरोह से गद्दारी करने वाले संतोष और राजबहादुर की चाकू से आंखें निकाल कर कुसमा ने 'प्रेम' के साथ-साथ 'बर्बरता' की भी मिसाल पेश की थी | हालांकि फूलन देवी और सीमा परिहार भी दस्यु सुंदरी के रूप में बीहड़ों में काफी चर्चित रहीं। 1976 से 1983 तक चंबल में फूलन ने राज किया और चर्चित बेहमई कांड के बाद उसने 12 फरवरी, 1983 को मध्य प्रदेश पुलिस के सामने आत्मसमर्पण कर दिया |

इसके अलावा रज्जन गूजर के साथ रही लबली पांडेय उत्तर प्रदेश की इटावा के भरेह गांव की रहने वाली थी | सूत्र बतातें है कि 1992 में ही लबली की शादी हो गई, लेकिन पति ने उसे तलाक दे दिया | पिता की मौत और पति द्वारा ठुकराए जाने से आहत लवली की मुलाकात दस्यु सरगना रज्जन गूजर से हुई और दोनों में प्यार हो गया | रज्जन से रिश्ते को लेकर लवली को गांव वालों के भला-बुरा कहने पर रज्जन ने भरेह के ही एक मंदिर में डाकुओं की मौजूदगी में लवली से शादी कर ली |दस्यु सुदंरी लवली के आतंक से कभी बीहड़ थर्राता था | 50 हजार की इनामी यह दस्यु सुंदरी 5, मार्च, 2000 को अपने प्रेमी रज्जन गूजर के साथ पुलिस मुठभेड़ में मारी गई |

नीलम गुप्ता और श्याम जाटव की कहानी इन सबसे कुछ अलग है | श्याम जाटव को दुर्दांत डाकू निर्भय गूजर ने अपना दत्तक पुत्र घोषित किया था | औरैया की रहने वाली नीलम गुप्ता का निर्भय ने 26 जनवरी, 2004 को अपहरण कर लिया था | महिलाओं के शौकीन निर्भय ने नीलम

को अपना रखैल बना लिया था | लेकिन जवान नीलम और श्याम जाटव का प्यार ऐसा परवान चढा कि दोनों ने निर्भय के खौफ के बावजूद शादी कर ली | बाद में निर्भय ने दोनों की हत्या के काफी प्रयास भी किए | निर्भय से बचने के लिए दोनों ने उत्तर प्रदेश पुलिस के सामने आत्मसमर्पण कर दिया |

इन सबके अलावा सलीम गूजर-सुरेखा, चंदन यादव-रेनू यादव, मानसिंह-भालो तिवारी, सरनाम सिंह- प्रभा कटियार, तिलक सिंह-शीला, जयसिंह गूर्जर-सुनीता बाथम और निर्भय सिंह-बंसती पांडेय की जोड़ियां बीहड़ों में काफी चर्चित रही | इनमें से सीमा परिहार और सुरेखा तथा रेनू यादव ने तो अपने प्रेमियों के निशानी के रूप में बच्चे को भी जन्म दिया है | जगन और कोमेश के "आतंक और खौफ" से कल तक जो घबराते थे, वही आज उसके "प्रेम" की चर्चा करते दिखाई देते है | दो दर्जन से ज्यादा हत्याएं करने वाला 12 लाख का इनामी खूंखार डकैत जगन गूर्जर को "प्यार" ने बदल दिया है | अब वह डकैत की तरह नहीं, बल्कि एक आम आदमी की तरह जीना चाहता है | हत्या, अपहरण, लूट और डकैती जैसे 70 से ज्यादा जघन्य अपराधों के आरोपी और 15 सालों से तीन राज्यों की पुलिस को नाकों चने चबवाने वाले दुर्दांत डाकू जगन ने पुलिस के सामने केवल इसलिए आत्मसमर्पण कर दिया ताकि वह अपनी प्रेमिका और दस्यु सुंदरी कोमेश के साथ रह सके। वह अब आम आदमी की तरह सामाजिक जीवन जीना चाहता है |

पुलिस फाइलों में इन महिला डकैतों के अपराधों के किस्से तो दर्ज हैं, लेकिन, उनके प्रेम और समर्पण की मिसाल नहीं। कई बार चंबल में दस्यु सुन्दरियों के बीच पनपे शौतिया डाह को लेकर भी गोलियों की तड़तड़ाहट हुई | कभी सीमा परिहार को ठिकाने लगाने का मन कुसमा नाइन ने बनाया तो कभी बसंती ने नीलम को। आज चंबल में न तो दस्यु सुदरियों की चूड़ियाँ खनकती दिखतीं हैं और न अब गोलियों की तड़तड़ाहट ही सुनाई पड़ती है।

4

विद्या राजपूत

छत्तीसगढ़ के कोंडागांव जिले का फरसगांव, वहां विकास नाम का एक 'लड़का था' | 'था' इसलिए कि विकास मन से कुछ और था, लेकिन घर वाले और समाज उसे कुछ और बनाए रखते थे | विकास इस पशोपेश में 30 साल रहा | फिर वहां से निकल रायपुर पहुंचा, जहां लंबे संघर्ष के बाद विद्या राजपूत हो गया | अब विद्या खुद से प्यार करने लगीं , खुद को समझने लगीं, खुद के साथ न्याय करने लगीं |

उनका जन्म एक लड़के के रूप में हुआ था जबकि, वो छोटी उम्र से ही खुद को एक लड़की मानती रहीं | अपनी पहचान के लिए उन्हें लंबा संघर्ष करना पड़ा | अब उन्हें दुनिया विद्या राजपूत के नाम से जानती है | वह न सिर्फ़ अपने अधिकारों की लड़ाई लड़ी, बल्कि पूरे थर्ड जेंडर कम्युनिटी के अधिकारों व उनके सम्मान की लड़ाइयां लड़ीं |

''जन्म के बाद मेरा नाम विकास राजपूत रखा गया था''

''मैं, विद्या राजपूत एक लड़के के रूप में छत्तीसगढ़ के कोंडागांव में जन्म लिया था | मेरी परवरिश एक लड़के की तरह ही शुरू हुई थी | मेरा नाम विकास राजपूत रखा गया था | 10 साल की उम्र से ही मुझे एहसास होने लगा था कि मैं एक लडकी हूं | धीरे-धीरे मेरे घर वालों और समाज को मेरी चाल-ढाल, और मेरा रहन-सहन खटकने लगा था | जल्द ही मोहल्ले

वालों ने मुझे चिढ़ाना शुरू कर दिया था |"

"तंग आकर मैंने अपने परिवार को सच्चाई बताई, लेकिन किसी को यकीन नहीं हुआ | एक बार के लिए मन में आया कि क्यों न जिंदगी को ही खत्म कर लूं | दो से ज्यादा बार सुसाइड करने की कोशिश भी की लेकिन खुद को खत्म नहीं कर सकी | अंततः मैंने तय किया कि मैं आत्मा से लड़की हूं और अब शरीर से भी लड़की ही रहूंगी | पिता के निधन के बाद मैं रायपुर आ गई और किसी तरह अपनी पढ़ाई जारी रखी |"

खुशनसीब हूँ मैं | मैंने स्त्री-पुरुष दोनों की जिंदगी जी है "

"मैंने जगह-जगह नौकरी भी की ताकि आगे बढ़ सकूं | इस दौरान मैंने सेक्स चेंज करने से जुड़ी अहम जानकारी जुटाई और अंततः साल 2007 से मैंने सेक्स चेंज की प्रक्रिया शुरू करवाई | 2020 तक अलग-अलग चरणों में चार ऑपरेशन हुए | मैंने, अपनी जिंदगी में काफी संघर्ष किया, समाज से परिवार से लोहा लिया | मैं, बहुत खुशनसीब हूं, क्योंकि मैंने पुरुष और स्त्री दोनों की जिंदगी जी है |"

"मुझे, खुशी है कि मैं समाज में जेंडर इक्वेलिटी के लिए छोटे छोटे ही सही कुछ कदम बढ़ा पा रही हूं | छत्तीसगढ़ पुलिस में जब थर्ड जेंडर के 13 लोगों को पुलिस में भर्ती किया गया तो मुझे लगा जैसे मेरा एक बड़ा सपना पूरा हो गया | ट्रेनर और मेंटर के रूप में मेरे लोगों ने मुझे बहुत प्यार दिया है | यहीं नहीं मेरी छोटी-छोटी कोशिशों के लिए मुझे कई अलग-अलग मंचों पर सम्मानित भी किया जा चुका है |"

जो विकास सामाजिक ताने-बाने, पारिवारिक माहौल के बीच खुद को ऐसा फंसा पा रहा था कि दो से ज्यादा बार सुसाइड तक करने की कोशिश किया, वही विकास जब विद्या बन गई तो आज वह समाज के लिए एक नज़ीर हैं | उसने न सिर्फ़ अपने अधिकारों की लड़ाई लड़ी, बल्कि पूरे थर्ड जेंडर कम्यूनिटी के अधिकारों, उनकी भावनात्मक जरूरतों, उनके सम्मान की लड़ाइयां लड़ीं | थर्ड जेंडर कम्यूनिटी के 13 लोग छत्तीसगढ़

पुलिस में आरक्षक बन गए हैं तो इसके पीछे विद्या राजपूत की लंबी लड़ाई और अथक परिश्रम है।

विद्या वर्षों तक गालियां सुनने को मज़बूर रहीं। स्कूल के बच्चे उनके ऊपर पेशाब कर देते थे। उन्हें चिढ़ाते थे, ताने मारते थे। वह स्कूल जाने से डरने लगीं। शरीर लड़कों का और भावनाएं लड़कियों का होना ये सिर्फ वह ही समझ पा रही थीं। दूसरा कोई नहीं था जो उन्हें समझ पाए। वह लड़कियों के साथ खेलते तो उनकी मां और भाई उन्हें मारते थे। बस इन सबसे त्रस्त आकर उन्होंने खुद को खुद में ही समेट लिया।

लेकिन, इसी अकेलेपन ने उन्हें नई राह दी। अपने साथ हो रहे भेदभाव को दरकिनार कर लड़ने की शक्ति दी। वह सोचने लगीं कि अपने जैसे दूसरे लोगों की मदद करने लगेंगी तो उनकी स्थिति बेहतर होगी। इसके बाद वह रायपुर पहुंची और काम करने लगीं। वह थर्ड जेंडर कम्यूनिटी को प्यार देने लगीं, उनके लिए एक तरह से मेंटॉर बनीं और उनके हर सुख-दुख में खड़ी होने लगीं।

वह कहती हैं, छत्तीसगढ़ पुलिस में थर्ड जेंडर के 13 लोगों का आरक्षक बनना उनका एक सपना पूरे होने जैसा है। वह बचपन से ही पुलिस बनना चाहती थीं। उन्हें खाकी वर्दी से लगाव था। लेकिन, बाद में उन्होंने इसी समाज से तरह-तरह की गालियां सुनी। फिर उन्हें लगने लगा कि थर्ड जेंडर के लोग भी पुलिस में रहते तो वह थर्ड जेंडर की भावनाओं का समझ पाते। उनकी स्थिति पर आकर उनकी मदद कर पाते।

वह कहती हैं कि थर्ड जेंडर के लोगों के साथ कई तरह के अपराध होते हैं। ट्रेनों में भिक्षा मांग रहे थर्ड जेंडर के लोगों को कई बार ट्रेन से फेंक देने की घटना भी सामने आई है। लेकिन, उनके पास खुलकर बताने के लिए अपनी पुलिस भी नहीं रहती थी। उन्हें लगता था कि उनकी भावनाओं को कौन समझेगा। लेकिन, अब ऐसा नहीं है। अब थर्ड जेंडर के भी आरक्षक पुलिस में मिलेंगे। जिस समुदाय के लोग ट्रेनों में भिक्षा मांगने के काम करते थे, लोगों के यहां बधाइयां गाने-नाचने जाते थे और कुछ लोग सेक्सवर्क के काम में लगे थे, अब वहां एक बड़ा बदलाव आने जा रहा है। उस समुदाय के लोग खाकी वर्दी पहनकर काम करेंगे।

वह कहती हैं कि थर्ड जेंडर कम्युनिटी के लोगों को यहां तक पहुंचाने के लिए उन्होंने काफी संघर्ष किया है | वह सरकार से लेकर प्रशासन तक लगातार संघर्ष करती रहीं | इतना ही नहीं समुदाय के लोगों को भी जागरुक करती रहीं | उन्हें ट्रेनिंग दिलाने के लिए खुद उनसे पहले मैदान पर पहुंच जाती थीं | लंबी कूद, ऊंची कूद, गोला फेंक इन सबके की तैयारी के लिए वह दिन-रात एक करती रहीं |

उनके मुताबिक़, उन्हें आईएएस अफसर अवस्थी के साथ-साथ पुलिस महानिदेशक तक का बहुत सपोर्ट मिला | उन्हें इस बात की भी खुशी है कि राज्य के गृहमंत्री ताम्रध्वज शाहू ने डेढ़ घंटे तक उनकी बात सुनी और समुदाय के लोग किस तरह की मुश्किलों का सामना करते हैं उसके बारे में पूरी जानकारी ली | लंबे समय के संघर्ष और दूसरी बार की परीक्षा के बाद अब थर्ड जेंडर के 13 लोग आरक्षक बन गए | उन्हें इस बात की खुशी है | उन्हें इसकी तसल्ली भी है कि जिनके लिए ग्राउंड की व्यवस्था से लेकर ट्रैक सूट तक का इतंजाम करना और एग्जाम की तैयारियों के लिए लगातार मोटिवेट करने का वह काम किया हैं, उसमें वह सफल रही हैं | यह एक तरह से उनकी भी परीक्षा का परिणाम है, जिसमें वह पास हुई हैं |

वह कहती हैं, ट्रांसजेंडर कम्युनिटी के लोगों का पूरा अस्तित्व उनकी भावनाओं पर टिका होता है | समाज का एक बड़ा वर्ग उनकी भावनाओं को समझ ही नहीं पाता है | यहां तक कि उनके परिवार के लोग भी नहीं | इन्हीं कारणों से वह खुद भी बचपन में सुसाइड करने का प्रयास कर चुकी हैं | लेकिन, बढ़ती उम्र के साथ आ रहे परिवर्तन और महसूस हो रही भावनाओं के साथ बढ़ रहे शोषण को पहचानना और उससे लड़ना काफी संघर्ष भरा रहा है | यहां जो जीत गया वह खुद को स्थापित कर लेता है |

वह अपने बारे में कहती हैं, 30 साल की उम्र तक उन्हें जबरन मूंछ-दाढ़ी रखकर लड़के की तरह रहना पड़ता था | वह रायपुर भी आ गईं फिर भी एक होटल में 10 साल तक पुरुष के तौर पर ही काम करती रही | लेकिन, वहां मोहल्ले के लड़के उनपर ताना कसते थे |

एक बार कुछ लड़कों ने उन्हें परेशान किया तो उन्होंने लडकों को पलट कर गालियां दे दी | इस हादसे के बाद उनके साथ बदतमीजी हुई,

लड़के उन्हे मारने के लिए दौड़े| इस हादसे के बाद उनकी माँ बीमार हो गई और उनका निधन हो गया | वह पूरी तरह टूट गई पर उन्होंने निर्णय लिया कि वह अंदर से जो हैं वही रहेंगी |

विद्या ने साल 2010 में थर्ड जेंडर के लिए एक एनजीओ “मितवा समिति” का गठन किया | उन्होंने 20 मुद्दों पर काम करना शुरू किया | इसमें थर्ड जेंडर वेलफेयर बोर्ड छत्तीसगढ़ का गठन, स्कूल पाठ्यक्रम में शामिल कराना, प्रशिक्षण संस्थाओं में थर्ड जेंडर विषय को शामिल कराना, उन्हें हॉस्टल फैसिलिटी दिलाना, अपशब्द पर बैन, फॉर्म में थर्ड जेंडर का कॉलम, थर्ड जेंडर स्पोर्ट्स मीट, सामूहिक विवाह की सामाजिक मान्यता, जागरुकता अभियान, कम्युनिटी मोबिलाइजेशन, प्रतिनिधित्व, सामुदायिक भवन, टास्क फोर्स, वेलफेयर कमेटी, थर्ड जेंडर आइडेंटिटी कार्ड, स्पोर्ट्स पॉलिसी, कल्चरल प्रोग्राम, पॉलिटिकिल पार्टिशिपेशन और स्किल डेवलपमेंट का काम | विद्या राजपूत के प्रयास से छत्तीसगढ़ में रह रहे करीब 10 हजार थर्ड जेंडर के लोगों को साल 2018 में सरकारी नौकरी में शामिल होने की पात्रता मिली है |

विद्या राजपूत को एड्स कंट्रोल ऑर्गनाइजेशन ने साल 2020 में नेशनल लीडरशिप अवार्ड भी दिया है | ये अवार्ड समुदाय के अंदर एच आई वी एड्स जागरूकता तथा समुदाय के सशक्तिकरण के लिए प्रदान किया गया है | वह साल 2009 से एचआईवी एड्स नियंत्रण कार्यक्रम में आउटरीच वर्कर के तौर पर काम कर रही हैं | साल 2013 में उन्होंने ट्रेनर और मेंटर के तौर पर काम किया है | साल 2015 में वह छत्तीसगढ़ थर्ड जेंडर बोर्ड के गठन के लिए सरकार के सामने यह मुद्दा जोर शोर से उठाया और सफल रहीं | विद्या राजपूत अंततः अपनी नारी अस्मिता को बचाने में कामयाब रहीं |

5

अर्चना बालमुकुन्द

बनना था हीरोइन, बन गई किडनैपिंग क्वीन..

लखनऊ में पैदा हुई होनहार और बुलंद ख्वाबों वाली लड़की। अर्चना बालमुकुंद शर्मा। पेंटिंग और कल्चरल प्रोग्राम में वक्त गुजारती थी । रामलीला में सीता का किरदार निभाना उन्हे बेहद पसंद था। फर्राटेदार इंग्लिश बोलने वाली अर्चना घर छोड़कर मुंबई जा पहुंची। वो प्लेबैक सिंगर और हीरोइन बनना चाहती थी। मगर वो डॉन बबलू श्रीवास्तव के संपर्क में आ गई। और फिर बन गई लेडी डॉन। जिसके रिश्ते अंडरवर्ल्ड से रहे।

पंटर : पकड़, पकड़...हरामी को। भागेगा हम से बचकर। कुत्ते की मौत मरेगा।

सागर दलकत : छोड़ दो मुझे। मैंने क्या बिगाड़ा है। छोड़ दो। कहां ले जा रहे हो मुझे। छोड़ दो।

पंटर : मैडम को आंखे दिखाएगा। और फिर पूछेगा क्या बिगाड़ा है। टाइम पर पैसा नहीं पहुंचाएगा, फिर बोलेगा छोड़ दो, छोड़ दो मुझे।

सागर लदकत : तुम्हें जितने पैसे चाहिए ले लो। मगर मुझे कहीं लेकर मत जाओ। मैं देता हूं ना पैसे।

पंटर : अब सारी बात मैडम के सामने होगी। वही तेरा फैसला करेंगी।

ये कांड पुणे में हुआ 22 मई 1998 की रात। सागर लदकत पेट्रोल पंप का मालिक था। कोरेगांव पार्क के पास घर था और सोमवार पेठ के पास पेट्रोल पंप। फजल उर रहमान गैंग ने उसको किडनैप किया और सागर लदकत को कोंड़वा लेकर पहुंचे। जहां मौजूद थी किडनैपिंग क्वीन, वो क्वीन जिसको पुलिस तलाश रही थी । जिसके रिश्ते अंडरवर्ल्ड से रहे। ऐसी लेडी डॉन जो बनना चाहती थी फिल्मों की हीरोइन और बन गई किडनैपिंग क्वीन।

अर्चना राम लीला में सीता का चरित्र निभाती थी | जरा सुनिए उनके संवाद

सीता : प्राणनाथ देखिए ना, ये कितना सुन्दर मृग है। इसे पकड़ लीजिए न।

राम: हे प्रिय सीते, यह हमारे पास ही तो विचर रहा है।

सीता : नहीं नहीं नाथ! इसे तो पकड़कर ही लाइए।

राम: प्रिये तुम इसे पकड़कर क्या करोगी!

सीता : स्वामी मैं इसे पालूंगी और अच्छे-अच्छे आभूषण पहनाकर और हरी-हरी घास खिलाकर अपना मन बहलाऊंगी।

पुलिस की फाइलों में दर्ज है उसका नाम अर्चना शर्मा है। उसका जन्म लखनऊ में 17 नवंबर 1975 को हुआ। उसने लखनऊ यूनिवर्सिटी से ग्रेजुएशन किया था । वो ब्लैकमेलिंग, रंगदारी, किडनैपिंग और मर्डर जैसे संगीन अपराधों में शामिल रही है। इतना ही नहीं उसके संबंध कुख्यात बदमाश बबलू श्रीवास्तव, फजल-उर-रहमान, इरफान गोगा और अंडरवर्ल्ड डॉन दाऊद इब्राहिम से भी रहे हैं। आज मैं जिस महिला की बात कर रहा हूँ उसपर कुख्यात गैंगस्टर का तमगा लगा है।ये थी अर्चना बालमुकुंद शर्मा। वह बुलंद ख्वाबों वाली लड़की थी । पेंटिंग और कल्चरल प्रोग्राम में वक्त गुजारती थी । रामलीला में सीता का किरदार निभाना उसे बेहद पसंद था । 90 के दशक में उसके पिता बालमुकुंद शर्मा कॉन्स्टेबल पद से रिटायर्ड हो गए थे, जब उसने अपने घर वालों के खिलाफ बगावत की। फर्राटेदार इंग्लिश बोलने वाली अर्चना घर छोड़कर

मुंबई जा पहुंची, ताकि फिल्मों में काम करने का सपना पूरा कर सके। वो प्लेबैक सिंगर और हीरोइन बनना चाहती थी। इस ख्वाहिश में उसने बाबा सहगल का आर्केस्ट्रा ग्रुप जॉइन कर लिया। गैंगस्टर फिल्म में उसे रोल भी मिला। मगर वहां वो डॉन बबलू श्रीवास्तव के संपर्क में आ गई।

बबलू श्रीवास्तव : देखो अर्चना, बात दरअसल ये है कि फिल्मों में काम करना आसान नहीं है। कभी पसंद का काम नहीं मिलता तो कभी मौका। मेरी बात मानो दुबई चली जाओ। वहां मैं तुम्हारे लिए कुछ इंतज़ाम कराता हूं।

अर्चना : लेकिन बबलू, एक अनजान देश में अकेली मैं क्या करूंगी। मेरा हीरोइन बनने का ख्वाब तो अधूरा रह जाएगा।
बबलू श्रीवास्तव : और मैं तुम्हें यहां दर दर भटकते नहीं देख सकता। मैं तुमसे प्यार कर बैठा हूं। वहां हम दोनों साथ रहेंगे।

अर्चना दुबई चली गई, वहां उसने एक गार्मेंट स्टोर खोला। अर्चना और बबलू दुबई में कुछ साल साथ में रहे। यहीं पर अर्चना की अंडरवर्ल्ड में पहचान बढ़ती गई। उसकी मुलाकात अंडरवर्ल्ड से जुड़े गोगा और फजल उर रहमान से हो गई। यहीं पर वो डॉन अनीस इब्राहिम के संपर्क में आई। अनीस अंडरवर्ल्ड डॉन दाऊद इब्राहिम का भाई था। यहीं उसकी मुलाकात छोटा राजन का दाया हांथ कहलाने वाले ओम प्रकाश से भी हुई। उनकी ये मुलाकात नजदीकियों में बदलने लगी।
बबलू श्रीवास्तव : अर्चना, मैं नहीं चाहता कि तुम यूं अकेली बाहर जाया करो। सच कहूं तो मुझे तुम्हारा ओम प्रकाश से बात करना बिल्कुल पसंद नहीं है।
अर्चना : ओम प्रकाश सिर्फ मेरा दोस्त है। तुम अपने दिमाग से ये वहम निकाल दो तो तुम्हारे लिए भी अच्छा होगा और अपने रिश्ते के लिए भी।

बबलू श्रीवास्तव अर्चना के लिए इतना दिवाना हो गया था कि अपने ही गैंग के लोगों से भी उसके लिए भिड़ जाता था। मगर अर्चना के प्रेम में

तो नेपाल की राष्ट्रीय प्रजातंत्र पार्टी के नेता दिलशाद बेग भी पागल हो गए थे। बबलू के बदलते रवैये से तंग आकर अर्चना उससे पीछा छुड़ाने लगी और उसकी नजदीकियां दिलशाद बेग के साथ बढ़ने लगी थीं। साल 1994 में इंटरपोल ने बबलू श्रीवास्तव को सिंगापुर से गिरफ्तार कर लिया। जिसका प्रत्यर्पण करके भारत लाया गया। इसके बाद अर्चना भी भारत लौट आई। बबलू के गैंग की सारी जिम्मेदारी फजल उर रहमान ने अपने कंधों पर ले ली थी, मगर अर्चना उसके संपर्क में रहती थी। ब्लैकमेलिंग से लेकर किडनैपिंग, पैसे की उगाही तक हर जुर्म में अर्चना साथ रहने लगी। और फिर वो नेपाल चली गई। यहां दिलशाद बेग और अर्चना का प्रेम रंग दिखाने लगा था।

पंटर : भाई सुना है दिलशाद बेग और अर्चना प्यार की पींगे बढ़ा रहे हैं। दोनों साथ साथ ही दिखाई देते हैं।

बबलू श्रीवास्तव : हम्म। बात इतनी जल्दी सब जगह फैलेगी अंदाज़ा नहीं था। खैर अर्चना मेरी नहीं तो किसी की नहीं। प्यार करता हूं उससे। बबलू श्रीवास्तव ऐसे हार नहीं मानेगा। दिलशाद का टाइम आ गया। मार डालो हरामी को।दिलशाद बेग की हत्या करा दी गई। एक के बाद एक किडनैपिंग का दौर चलता रहा।

****

भारत में सबसे पहले सुर्खियों में वो तब आई जब इंदौर में एक शराब कारोबारी का अपहरण किया गया था। हुआ ये था कि व्यापारी देर रात कार से अपने घर लौट रहा था।

अर्चना : एक्सक्यूज मी। क्या आप मुझे लिफ्ट दे देंगे। मैं बहुत देर से यहां खड़ी हूं मगर कोई गाड़ी नहीं मिल रही। रात भी बहुत हो चुकी है। प्लीज आप मुझे लिफ्ट दे दें। मना ना करना। प्लीज प्लीज।

व्यापारी : इतना रिक्वेस्ट कर रही हैं तो आइए। बैठ जाइए।

अर्चना व्यापारी के पास पीछे वाली सीट पर बैठ गई। कार अभी चली ही थी कि अर्चना ने पर्स से रिवॉल्वर निकाल लिया और व्यापारी की कनपटी पर रख दिया। और कार रुकवा ली।
एक आदमी और आया उसने ड्राइवर को सीट से हटाकर स्टेयरिंग खुद संभाल लिया। इस तरह व्यापारी का अपहरण हो गया था। मगर किस्मत ने साथ नहीं दिया और रेड सिग्नल पर व्यापारी कार से उतर भागा। इस तरह अर्चना सुर्खियों में आ गई।

दिल्ली पुलिस ने एक केस में अर्चना को गिरफ्तार भी कर लिया था, मगर वो जमानत हासिल करने में कामयाब रही और पुणे से गायब हो गई। अर्चना ने जब देखा कि बबलू उससे अब राज़ी नहीं तो वो एक बार फिर नेपाल चली गई। उसके खिलाफ 40 देशों में अलर्ट जारी हुआ था। मगर अर्चना पकड़ी ना जा सकी।

बॉलीवुड की रानी ना सकी तो बन गईं 'किडनैपिंग क्वीन', गैंगस्टर बनने के बाद अर्चना बालमुकुंद शर्मा अब तक पुलिस की पकड़ से है दूर | देवानंद की फिल्म 'गैंगस्टर' में भी दिखी थी |

****

ब्लैकमेलिंग, रंगदारी और अपहरण जैसे संगीन जुर्मों में अर्चना का नाम सबसे पहले साल 1997 में सामने आया। उस वक्त दिल्ली पुलिस ने उसे हत्या की कोशिश के एक केस में गिरफ्तार किया था लेकिन जल्दी ही उसे बेल भी मिल गई। इसके बाद साल 2000 में पुणे के मशहूर कारोबारी सागर लदकत के अपहरण और हत्या में इस गैंगस्टर का नाम सामने आय़ा। लदकत की हत्या के बाद वो कोलकाता चली गई। कहा जाता है कि इस महिला गैंगस्टर के निशाने पर एक धनी होटल व्यापारी राजू पुनवानी थे। जानकारी के मुताबिक अर्चना ने ही अपने कुछ नए साथियों के साथ पुनवानी की हत्या की पूरी रुपरेखा तैयार की थी। लेकिन उस वक्त अचानक पुलिस को अर्चना की इस खतरनाक योजना का पता चल गया और पुलिस ने कोलकाता के जोधपुर पार्क के पास उस

घर में छापेमारी कर दी जहां अर्चना ठहरी हुई थी। कहा जाता है कि वो अंतिम मौका था जब इस बात का पता चला था कि अर्चना भारत में है। इसके बाद अर्चना फजल-उर-रहमान के साथ मिलकर अंडरवर्ल्ड माफिया दाऊद इब्राहिम के गुर्गे में शामिल हो गई। पुलिस आज तक इस महिला गैंगस्टर को दबोच नहीं सकी है।

अर्चना के बारे में जितनी जानकारी है उसके मुताबिक वो बबलू श्रीवास्तव और फजर-उर-रहमान की गर्लफ्रेंड थी। इन्हीं साथियों की बदौलत वो 'लेडी डॉन' बनी। 1990 के दशक में वो हत्या और अपहरण के कई मामलों में मुख्य आरोपी थी। साल 1998 से पुणे पुलिस को उसकी तलाश थी। उसपर बिजनेस मैन सागर लदकत के अपहरण और हत्या का आरोप है।

साल 2010 में खबर आई कि अर्चना को बांग्लादेश में गोली मार दी गई। अर्चना दुनिया से विदा हो गई या फिर जिंदा है, ये बात आज तक रहस्य है।

देवानंद की 'गैंगस्टर' फिल्म में दिखी थी, वो 'लेडी डॉन' अब तक है पुलिस की पकड़ से दूर |

6

संतोकबेन जडेजा

इस लेडी डॉन के नाम से थर्राता था गुजरात, घर की नालियों से बहता था खून

पोरबंदर- एक वक्त था जब शांतिप्रिय महात्मा गांधी के शहर पोरबंदर में एक लेडी डॉन का कहर था। लोग उसके नाम से भी कांप जाते थे। यही नहीं, घर में आपसी रंजिशों की वजह से भी कई मौतें हुईं। इसी वजह से लोग कहते थे कि संतोक बेन के घर की नालियों में पानी नहीं, खून बहता है। चलिए जानते हैं 90 के दशक में गुजरात की लेडी डॉन संतोक बेन जडेजा के खौफ की दास्तां।

गॉडमदर के नाम से मशहूर थी संतोक बेन, ऐसे बनी थी गैंगस्टर

पोरबंदर से महज 40 किमी दूर बसा कुतियाना कस्बा 'गॉडमदर' संतोक बेन जडेजा की नगरी के नाम से मशहूर है। यह नाम उन्हें उनकी बायोपिक 'गॉडमदर' की वजह से मिला, जिसमें इनका किरदार शबाना आजमी ने निभाया था।

संतोकबेन के पति सरमन मुंजा जडेजा कभी एक साधारण मिल मजदूर थे। एक बार मिल में मजदूरों की स्ट्राइक हो गई। उसे तोड़ने के मकसद से मिल के मालिक ने स्थानीय गैंगस्टर देवू वाघेर को हायर किया था। सरमन जडेजा ने गुस्से में आकर उस गैंगस्टर को मार डाला और वहीं से शुरू हुआ उनके शहर के अगले डॉन बनने का सफर। पूरा इलाका सरमन जडेजा का नाम से थर्राता था, वहीं उनकी पत्नी संतोक बेन एक साधारण हाउस वाइफ की तरह रह रही थीं।

1986 में स्वध्याय मूवमेंट के तहत सरमन जडेजा ने जुर्म का रास्ता छोड़, ईमानदारी की राह पकड़ ली। सरमन ने जुर्म तो छोड़ दिया था, लेकिन उसके काले इतिहास ने पीछा नहीं छोड़ा। उसके दुश्मनों ने उसी साल उसकी गोलियों से भूनकर हत्या कर दी और संतोक बेन को बच्चों समेत मारने की धमकी देने लगे।बच्चों को बचाने के लिए घर की सीमाओं तक रही संतोक बेन ने घायल शेरनी का रूप धारण कर लिया। उसने हथियार उठाकर लड़ने का फैसला किया और निकल पड़ी पति के हत्यारों से बदला लेने।

पति के हत्यारों को बनाया निशाना

संतोक बेन ने हथियार उठाकर अपने पति की पुरानी गैंग को दोबारा इकट्ठा किया। कुछ ही समय में उनका आतंक पूरे जिले में फैल गया। बदले की आग में जल रही संतोक बेन ने उसके कथित हत्यारों को अपने गैंग मेंबर्स की मदद से उन सभी 14 लोगों को मौत के घाट उतरवा दिया, जिन पर उसे पति की हत्या करने का शक था।इसी लेडी गैंगस्टर की इमेज के साथ संतोक बेन ने 1989 में हुए विधानसभा चुनाव में हिस्सा लिया और जीत दर्ज की। वह पोरबंदर जिले से चुनी जाने वाली पहली विधायिका थी।

फिरौती से मर्डर तक, संतोक बेन के बाएं हाथ का खेल थे ये क्राइम

संतोक बेन जडेजा को पहली बार गिरफ्तार करने वाले पुलिस अफसर थे सतीश शर्मा। उन्होंने एक इंटरव्यू के दौरान 'गॉडमदर' से जुड़े कई खुलासे किए थे।सतीश शर्मा ने बताया था, "फिरौती हो या मर्डर, तस्करी हो या वसूली, हर क्राइम में संतोक बेन का दबदबा था। यही नहीं, उसने पोरबंदर में होने वाले रियल एस्टेट बिजनेस और ट्रांसपोर्टेशन पर

पकड़ बना ली थी। यही कारण था कि उसके पॉलिटिक्स में आने के बाद दिग्गज नेताओं ने उसका समर्थन किया।"

"वैसे तो उसका राज एक दशक से ज्यादा चला, लेकिन मिड 90s में उसकी पकड़ अपने गुर्गों पर कमजोर पड़ गई। उन्हीं की चूक की वजह से उसकी गिरफ्तारी हुई थी।"

मौत तक जारी रहा खूनी खेल, मार दी गई थी जवान बहू

संतोक बेन जडेजा के जुर्म का संसार पोरबंदर तक सीमित नहीं था। उसने अंडरवर्ल्ड से भी कनेक्शन्स बना रखे थे। उसे अंडरवर्ल्ड डॉन करीम लाला का करीबी माना जाता था।

संतोक बेन मौत से पहले अपने परिवार की नई पीढ़ी की मौत की गवाह भी बनीं। जनवरी 2007 में उनके 23 साल के भतीजे नवघन अरसी की गोली मारकर हत्या कर दी गई।

साल 2006 में संतोक बेन के बेटे करण ने कंधल जडेजा की पत्नी और अपनी भाभी रेखा का मर्डर किया था। संतोकबेन रेखा को अपना उत्तराधिकारी बनाना चाहती थी, यही बात करण को खटकती थी। संतोक बेन का अप्रैल 2011 में हार्ट अटैक की वजह से निधन हुआ।

पोरबंदर के कुतियाना में आज भी संतोक बेन जडेजा के नाम का डंका बजता है। उनके बेटे कंधल जडेजा इस क्षेत्र से विधायक है। सरकारी दस्तावेजों के मुताबिक वो ट्रांसपोर्ट का बिजनेस संभाल रहा है। 8वीं पास कंधल के खिलाफ लगभग 11 क्रिमिनल केस दर्ज हैं। संतोक बेन अपने बेटे के नाम 28 करोड़ की संपत्ति छोड़ गई है, जिसे वो संभाल रहा है।

****

अपराध जगत की वार्षिक रिपोर्ट के अनुसार तिहाड़ जेल में हत्या के आरोप में सजा काट रहे कैदियों में आधी महिलाएं हैं...

अपराध जगत की वार्षिक रिपोर्ट के अनुसार तिहाड़ जेल में हत्या के आरोप में सजा काट रहे कैदियों में आधी महिलाएं हैं। यह रिपोर्ट समाज के बदलते वातावरण की एक झलक पेश करती है। कुछ उदाहरणों से हम इस परिघटना को जान सकते हैं।

पोरबंदर की संतोष बेन जडेजा के नाम से लोग परिचित होंगे, जो वहां माफिया गिरोह की सरगना रही है और जिसके कारनामों को लेकर एक फिल्म भी बनी है। सीमा परिहार, फूलन देवी ऐसे कई नाम भी यहां गिने जा सकते हैं, जिन्होंने सामाजिक उत्पीड़न के चलते या किसी अन्य कारण से अपराध की दुनिया में कदम रखा।

सांप्रदायिकता की जकड़न

केरल में आबकारी विभाग द्वारा बड़े पैमाने पर महिलाओं की नियुक्ति की बड़ी चर्चा हुई। इसका कारण यह बताया गया कि वहां अवैध शराब के धंधे में बड़े पैमाने पर महिलाएं शामिल हैं, जिनसे निपटने के लिए महिला कर्मचारियों की आवश्यकता थी। स्त्रियों के सामूहिक अपराधों में शामिल होने के सबसे अधिक उदाहरण जातीय या सांप्रदायिक हिंसा के वक्त दिखाई देते हैं। पिछले दिनों मिर्चपुर में दलितों के घरों में जिस आगजनी को जाट लोगों ने अंजाम दिया, उसमें उनकी महिलाओं ने बढ़-चढ़ कर हिस्सा लिया था। 1992-93 के सांप्रदायिक दंगों में मुंबई की महिलाएं महाआरतियों के बाद चुनचुन कर अल्पसंख्यकों के घरों में हमला करने पहुंच जाती थीं। 2002 में गुजरात दंगों के दौरान में महिलाएं दुकानों की लूटपाट में भी शामिल थीं।

मगर क्या यह सिर्फ भारत का मामला है? जिनेवा के एक अंतरराष्ट्रीय अध्ययन संस्थान की एक स्टडी के मुताबिक दुनिया भर में महिला गैंगस्टरों की संख्या बढ़ रही है। ब्रिटेन और अमेरिका के संगठित अपराध समूहों में 25 से लेकर 50 फीसदी तक महिलाओं की हिस्सेदारी है। यद्यपि स्टडी में यह भी बताया गया है कि हिंसक अपराधों में वे अब भी काफी पीछे हैं, लेकिन संभव है कि इसमें भी वे तेजी से दस्तक दें। वे एके 47 या पिस्तौल चलाने की बजाय चाकू, छुरा या पत्थरों का प्रयोग करती

हैं। अध्ययन यह भी बताता है कि पारिवारिक तथा यौन हिंसा के कारण महिलाएं अपराध के रास्ते पर बढ़ रही हैं।

अपराध जगत की रिपोर्ट या जेनेवा की स्टडी में प्रस्तुत नतीजों से ऐसे लोगों को हैरानी ही हो सकती है जो महिलाओं को प्राकृतिक रूप से पुरुषों से अलग स्वभाव का मानते हैं। प्राकृतिक रूप से शारीरिक भिन्नता तथा स्थिति अलग जरूर होती है पर सोच विचार, टेम्परामेंट, व्यवहार आदि परिवेश से तय होता है। पहले के समय में इस प्रकार के जघन्य अपराध में महिलाएं नहीं थी तो इसका अर्थ यह नहीं है कि वे उस समय ऐसा नहीं कर सकती थीं और अब वे बदल गई हैं तथा स्त्रीसुलभ गुणों को भूल रही हैं।

पहले उनके आसपास का वातावरण ऐसा नहीं था या यह कहें कि उनके लिए उस समय ऐसा करने की जरूरत नहीं थी और न ही संभव था ऐसा करना। यानी व्यक्ति की आपराधिक मानसिकता में आने की भी एक प्रक्रिया जाने-अनजाने चलती है। इसलिए आधुनिक कानून-व्यवस्था अपराधी के सुधार के अवसर पर भी जोर देती है।

यद्यपि किसी को यह आकलन करना होगा कि किस प्रकार के अपराध के लिए सुधार के अवसर मिलने चाहिए और कौन सा अपराध क्रूरतम और अक्षम्य हैं। लेकिन ये आंकड़े और उदाहरण एक बार फिर इस बात की पुष्टि करते हैं कि समाज में, परिवार के अंदर तथा सार्वजनिक दायरे में भी सुधार की जरूरत है। बिना सचेत प्रयास के यह संभव नहीं है।

स्त्री पुरुष के बीच लैंगिक भेदभाव और असमानता का कोई प्राकृतिक आधार नहीं है। इस अपराध जगत के नकारात्मक उदाहरण से हम सिक्के के दूसरे पहलू पर विचार कर सकते हैं कि महिलाएं मौका मिला तो पुरुषों की तरह ही हर काम कर सकती है।

फिर पुलिस विभाग में भर्ती बराबरी के आधार पर क्यों नहीं हो? कोई भी काम का क्षेत्र स्त्री के लिए प्रतिबंधित क्यों हो? यूं तो औपचारिक रूप से अधिकांश क्षेत्रों में प्रतिबंध नहीं है लेकिन वहां मौजूद औरतों की कम

संख्या इस बात का ही सबूत है कि अभी उन्हें बराबर नहीं आंका जा रहा है। सेना में स्थायी कमीशन को लेकर पुरुषों के बराबर अवसर के लिए उन्हें कानूनी जंग लड़नी पड़ी है।

सामाजिक अंतर को भी प्राकृतिक अंतर वाले खांचे में भर देने के कारण सामाजिक भेदभाव का भी प्राकृतिक आधार ढूंढ लिया जाता है। जबकि ऐसी किसी प्राकृतिक वजह का पता नहीं चला है जिसमें यह माना जाए कि औरत ही गृहकार्य या बच्चों के पालन पोषण में कुशल हो सकती है।

ये भूमिकाएं और कामों का बंटवारा ही समाज में पोजीशन और स्थान तय करते हैं। सार्वजनिक और निजी दायरे में भेद कर, औरत और मर्द के दायरे निर्धारित किए बिना औरत पर नियंत्रण मुश्किल था। और यदि ऐसा नहीं किया गया होता तो पितृसत्तात्मक पुरुष प्रधान समाज गढ़ना मुश्किल था।

जैसे हालात सामने आते हैं या जिस भूमिका में इंसान को डाला जाता है वैसी भावनाएं भी अचेतन रूप से उसके भीतर जगह बनाने लगती हैं। आखिर औरतों के ही आंसू अधिक क्यों गिरते हैं? इसका कारण जीवविज्ञान में नहीं बल्कि समाजशास्त्र में ढूंढा जाना चाहिए।

कुछ क्षेत्रों के काम के लिए यह दलील दी जाती है कि औरत वहां यौन अपराध की शिकार हो सकती है। महिलाओं के खिलाफ होने वाला यह अपराध उन्हें सुरक्षा के नाम पर चारदीवारी के पीछे धकेलता है तथा बाहर के कई अवसर से वंचित करता है। इसलिए जरूरी है कि समाज यौन हिंसा से बचाव के उपाय सख्ती से लागू करे ताकि बराबर के अवसर सुनिश्चित हो सकें।

सार्वजनिक दायरे में तथा सुरक्षा एजेंसियों में महिलाओं की अधिकाधिक उपस्थिति ऐसा वातावरण तैयार करेगी जिसमें महिला कोई अजूबा 'चीज' या उपभोग की वस्तु नहीं होगी बल्कि हाड़ मांस वाली इंसान होगी जिसके साथ परस्पर भरोसा और लगाव से तथा आपसी सहमति से संबंध स्थापित हो सकते हैं जबरन हिंसक होकर नहीं। समाज

में ऐसा माहौल बनाना होगा ताकि स्त्री, पुरुष या बच्चे अपराध के रास्ते पर न बढ़ें।

7

लेडी डॉन अनुराधा चौधरी

राजस्थान की इकलौती महिला गैंगस्टर की कहानी:एक बच्चे की मां है गैगस्टर अनुराधा, MBA की पढ़ाई की, शेयर मार्केट में नुकसान हुआ तो आनंदपाल के पास पहुंची; किडनैपिंग के बाद मिली गैंग में एंट्री

राजस्थान के खतरनाक गैंगस्टर्स आनंदपाल सिंह, राजू ठेहट, संपत सिंह जैसे बदमाशों के बीच अनुराधा चौधरी इकलौती महिला गैंगस्टर्स थी। सीकर में 2014 में शराब कारोबारी के अपहरण करने के बाद सुर्खियों में आई थी। फतेहपुर के अलफसर गांव की अनुराधा बी सी ए और एमबीए करने के बाद जुर्म के रास्ते पर चली गई। राजस्थान और उससे जुड़ी अपराध की दुनिया में बड़े गैंगस्टर्स के बीच अनुराधा ने अपनी जगह बनाई।

सीकर की रहने वाली, कम्प्यूटर एप्लीकेशन में ग्रेजुएट

सीकर की रहने वाली अनुराधा के घर का नाम मिंटू है। बचपन में ही मां के गुजरने के बाद उसके सिर पर सिर्फ़ पिता का ही साया बचा था | आर्थिक हालत कमजोर होने के चलते पिता कमाने के लिए बाहर चले

गए। अनुराधा पढ़ाई में तेज थी। उसने बीसीए जैसी प्रॉफेशनल डिग्री ली थी। नॉर्मल जॉब उसका एंबिशन नहीं था। शादी के बाद अनुराधा और उसके पति फैलिक्स दीपक मिन्ज ने सीकर में शेयर ट्रेडिंग का काम शुरू किया था। दोनों ने मिलकर लोगों के लाखों रुपए ट्रेडिंग में लगवा दिए। अचानक उसका धंधा चौपट हुआ और करोड़ों के कर्ज में डूब गई। कर्ज खत्म करने के लिए उसने जुर्म का रास्ता चुना। उसने अपने पति को भी छोड़ दिया।

बानूड़ा के जरिए आनंदपाल के संपर्क में आई

बिजनेस में हुए नुकसान के बाद कर्जदारों को पैसा वापस लौटाने का दबाव बना तो वो हिस्ट्रीशीटर बलबीर बानूड़ा के जरिए कुख्यात अपराधी आनंदपाल सिंह के संपर्क में आ गई। बताते हैं कि आनंदपाल के ठेठ पहनावे को अनुराधा ने ही बदला था। यहां तक की उसे अंग्रेजी बोलना भी सिखाया। इसी के बदले आनंदपाल ने अनुराधा को AK-47 चलाना सिखाया।

लॉरेंस की मदद से जुड़ी जठेड़ी से

लेडी डॉन अनुराधा देशभर में खौफ और दहशत का पर्याय बने राजस्थान के कुख्यात गैंगस्टर आनंदपाल की गर्लफ्रेंड थी। ये लंबे समय से राजस्थान पुलिस की गिरफ्त से फरार थी। फरारी के दौरान लॉरेंस विश्नोई की मदद से अनुराधा की मुलाकात काला जठेड़ी से हुई। इसके बाद वह उसकी पूरी गैंग को ऑपरेट करने लगी। अवैध हथियार की हेराफेरी में आनंदपाल का सहयोग करती थी। उसने अपनी पढ़ाई को क्राइम करने के नए तरीकों में इस्तेमाल किया। बदमाशों के तौर तरीके बदलने में अनुराधा का मुकाबला नहीं था । जो अब कुख्यात गैंगस्टर काला जठेडी के साथ दिल्ली में पकड़ी गई। अनुराधा के एक बच्चा भी है।

अपहरण से शुरू हुई गैंगस्टर बनने की कहानी

राजस्थान के लक्ष्मणगढ़ और सीकर में अनुराधा ने शराब कारोबारी का 2014 में पहली दफा अपहरण किया था। जानकारी के अनुसार आनंदपाल ने गैंग में शामिल करने से पहले अनुराधा को चैक करने के लिए उसको ऐसा करने के लिए कहा था। कारोबारी के अपहरण में अनुराधा का नाम सामने आने पर पहली दफा सुर्खियों में आई थी।

हालांकि उस समय भी अनुराधा खुद नहीं आई थी बल्कि प्लानिंग तैयार कर अपरहण करवाया था।

कर्जे से परेशान होकर आनंदपाल गैंग में आई

गिरोह में शामिल होने के लिए जब अनुराधा आनंदपाल के पास पहुंची तो कारण पूछा। उसने शेयर ट्रेडिंग में लोगों के पैसे लगाने और घाटा होने के बाद कर्जदारों की बात बताई। आनंदपाल ने अनुराधा को घर जाकर रहने के लिए कह दिया था। भरोसा दिलाया था कि कोई कर्जदार कुछ नहीं मांगेगा, लेकिन अनुराधा ने इनकार कर दिया। कहा कि मैं अब खुद उनको सबक सिखाना चाहती हूं।

इसके बाद अनुराधा ने नागौर, सीकर, जयपुर ग्रामीण की तरफ आनंदपाल के गिरोह को फैलाया। आनंदपाल राजू ठेहट के बीच गैंगवार में अनुराधा की वजह से ही भारी पड़ रहा था। हालांकि अनुराधा सीधे तौर पर अपराध करने की बजाय प्लानिंग कर क्राइम को अंजाम देती थी।

लेडी डॉन बनी रिवाल्वर रानी: ऑटोमैटिक रिवाल्वर पसंद थी तो गैंगस्टर दोस्त ने दिया नाम; लोकेशन ट्रेस न हो इसलिए स्पेशल सॉफ्टवेयर के जरिए गुर्गों से करती थी बात |

दिल्ली पुलिस के हत्थे चढ़ चुकी राजस्थान की एकमात्र लेडी डॉन अनुराधा चौधरी रिवाल्वर रानी बन चुकी थी । यह नाम उसे गैंगस्टर दोस्त काला जठेड़ी और गैंग के दूसरे साथियों ने दिया। सूत्रों के मुताबिक गैंगस्टर आनंदपाल ने उसे AK-47 चलाना सिखाया और यहीं से वह शॉर्प शूटर बनी। आनंद पाल के एनकाउंटर के बाद जब वह काला जठेड़ी के संपर्क में आई तो उसे ऑटोमैटिक रिवाल्वर पसंद आने लगी तो जठेड़ी उसे रिवाल्वर रानी कहने लगा। इसके बाद यह नाम चर्चा में आ गया।

लेडी डॉन अनुराधा को आईओबी 0.38 रिवॉल्वर सबसे ज्यादा पसंद थी, इसी वजह से जठेड़ी ने उसे रिवाल्वर रानी नाम दिया था। काला जठेड़ी और अनुराधा चौधरी कई दिनों से दिल्ली पुलिस की रडार पर थे। यह दोनों वेश और नाम बदलकर पति पत्नी की तरह रहने लगे | दिल्ली

पुलिस भी इन्हे लगातार ट्रेस कर रही थी और आखिर ये दोनों सहारनपुर उत्तरप्रदेश से पकड़े भी गए |जब टीम ने दोनों को गिरफ्तार किया तो इनके पास से पीएक्स-3 पिस्तौल और अनुराधा की पसंदीदा आईओबी 0.38 रिवाल्वर भी मिली।

गुर्गों से बात करने के लिए खुद के नियम और प्रोटोकॉल

अनुराधा और जठेड़ी दोनों ही बड़े शातिर थे। यह अपने गैंग के सदस्यों पर इतना भरोसा नहीं करते थे। इनसे मिलने से लेकर बात करने तक के इनके खुद के नियम और प्रोटोकॉल बनाए हुए थे। किसी खास गुर्गे के जरिए ही यह तय समय पर बात करते थे। इसके लिए भी ये लोग ऐसे साफ्टवेयर काम में लेते थे, जिससे इनकी लोकेशन और दूसरी जानकारी पुलिस को न लग सके।

AK-47 की शार्प शूटर लेडी डॉन का रिवॉल्वर से है लगाव

AK-47 की शार्प शूटर लेडी डॉन को ऑटोमेटिक रिवॉल्वर से गहरा लगाव था और बड़ी सफाई से वो अपने अचूक निशाना लगाती थी । हर समय अपने पास रिवॉल्वर रखने वाली लेडी डॉन जब राजस्थान से निकल कर इंटरनेशनल गैंगस्टर के बीच पहुंची और उनकी गैंग लीडर बनी तो उसे रिवॉल्वर रानी के रूप में नई पहचान मिली।

फर्जी पहचान बनाई, पुलिस से बचने के लिए झूठी कहानी भी बनाई

पुलिस से बचने के लिए गैंगस्टर काला जठेड़ी और लेडी डॉन अनुराधा चौधरी फर्जी आईडी बनाकर पति पत्नी की तरह रहने लगे थे | दोनों ने पुलिस से बचने के लिए अपनी नेपाल भागने की झूठी कहानी भी फैलाई थी | वे थोड़े थोड़े समय में लगातार अपने ठिकाने बदल रहे थे |

लेडी डॉन ने की गैंगस्टर से दूसरी शादी:पहले से शादीशुदा, गैंगस्टर आनंदपाल की गर्लफ्रेंड भी रही, फिर कुख्यात बदमाश जठेड़ी को बनाया हमसफर, बड़े क्राइम की दी ट्रेनिंग |

कुख्यात गैंगस्टर काला जठेड़ी और राजस्थान की एकमात्र लेडी डॉन अनुराधा चौधरी को दिल्ली पुलिस की स्पेशल टीम ने गिरफ्तार किया

। पूछताछ में सामने आया कि यह दोनों अपना नाम बदलकर पुनीत और पूजा भल्ला के नाम से रह रहे थे। जब दिल्ली पुलिस ने इसकी जांच की तो सामने आया कि यह दोनों 6 महीने पहले ही शादी कर चुके हैं। अनुराधा की यह दूसरी शादी थी। इससे पहले सीकर में रहने वाले दीपक नाम के युवक से अनुराधा ने शादी की थी। जैसे ही वह क्राइम की दुनिया में आई, आनंदपाल के साथ रहने लगी थी । आनंदपाल के एनकाउंटर के बाद लॉरेंस की मदद से काला जठेड़ी का हाथ थामा। अनुराधा पिछले दो सालों से जठेड़ी के संपर्क में थी, लेकिन 9 महीने से उसकी पूरी गैंग को ऑपरेट करना शुरू कर दिया। बताया जाता है कि आनंदपाल की तरह जठेड़ी के क्राइम की प्लानिंग भी वहीं करने लगी। जिसके बाद उसने पहलवान सुशील पहलवान को धमकी दी। सागर धनकड़ हत्या कांड में भी उसका नाम सामने आया।

बड़े क्राइम और डॉन बनने की ट्रेनिंग दी

जठेड़ी को बड़ा क्राइम करने और डॉन बनाने की ट्रेनिंग अनुराधा ने ही दी थी, जैसे उसने आनंदपाल को दी। जठेड़ी के रहनसहन से लेकर उसकी क्राइम दुनिया में अनुराधा ने एंट्री कर ली थी। अनुराधा जैसा बोलती वह वैसा ही करता। जठेड़ी भी उसके पीछे पागल हो गया। दोनों ने नॉर्थ इंडिया के दिल्ली, एन सी आर (नेशनल कैपिटल रीजन अर्थात दिल्ली के आसपास का इलाका),राजस्थान, पंजाब और हरियाणा में अपनी गैंग खड़ी कर इस पर राज करने का प्लान बनाया।

साये की तरह अनुराधा को रखता था साथ

जठेड़ी अनुराधा के प्यार में इतना पागल हो गया था कि उसे अकेला नहीं छोड़ता था। वह उसे अपने साये की तरह साथ में रखता था । जहां भी दोनों जाते वहां साथ में रहते थे। इनकी गिरफ्तारी के बाद सामने आया कि कुछ दिनों के लिए मुंबई भी गए थे। जठेड़ी अनुराधा की क्राइम प्लानिंग के अनुसार ही चलता था।

राजस्थान के 4 जिलों में काटी फरारी, अपने गुर्गे एक्टिव किए

शादी के बाद गैंगस्टर काला जठेड़ी और लेडी डॉन अनुराधा ने सबसे ज्यादा फरारी राजस्थान में काटी। फ़रारी के दौरान ये दोनों पाली, नागौर, बीकानेर और कोटा समेत आसपास के क्षेत्रों में कई दिनों तक रहे

| राजस्थान में गुर्गों को दोबारा एक्टिव किया और गैंग में शामिल करते गए |इसके अलावा दोनों ने मध्यप्रदेश के इंदौर और बिहार के पूर्णिया में भी लंबी फ़रारी काटी |पकड़े जाने से कुछ दिनों पहले ही हरिद्वार में फर्जी पहचानपत्र बना कर और वेश बदलकर पुनीत और पूजा भल्ला के नाम से रह रहे थे

छोटे क्राइम करता, चवन्ने की तरह रहता था, बदल दिया लेडी डॉन ने

बताया जाता है कि अनुराधा के संपर्क में आने से पहले जठेड़ी छोटे क्राइम करता था और चवन्ने की तरह रहता था। जैसे ही अनुराधा उसकी लाइफ में आई तो लाइफ स्टाइल ही बदल दी। कपड़े पहनने से लेकर उसका बोलने तक का तरीका बदल दिया। अब वह छोटे गुर्गों को मुंह भी नहीं लगाता था और न ही छोटे क्राइम में हाथ डालता था । अनुराधा ने ही गुर्गों से बात करने के लिए अपने नियम और प्रोटोकॉल बनाए थे। लेडी डॉन ने उसे भी आनंदपाल की तरह हाईप्रोफाइल बना दिया। हाल ही के दिनों में जठेड़ी द्वारा की गई सभी बड़ी वारदातें इसी प्लानिंग का हिस्सा थी। बड़े धमाकों के साथ लेडी डॉन अनुराधा ने अपने नए पति जठेड़ी को आपराधिक दुनिया का बादशाह बनाना शुरू कर दिया था। वो चाहती थी कि दिल्ली, पंजाब, हरियाणा और राजस्थान सहित उत्तर भारत कि गैंगलैंड के राज्यों में उनका वर्चस्व और खौफ कायम हो जाए। दोनों ने मिलकर 2 साल में अपने 20 से ज्यादा विरोधियों को ठिकाने लगा दिया था।

बना लिया था इंटरनेशनल क्राइम गिरोह

शादी के बाद दोनों ने मिलकर इंटरनेशनल क्राइम गिरोह बना लिया था। इस गिरोह में कुख्यात बदमाश वीरेंद्र प्रताप उर्फ काला राणा, निवासी करनाल(हरियाणा) थाईलैंड से, सतेंद्रजीत सिंह उर्फ गोल्डी बराड़ निवासी मुक्तसर, पंजाब, कनाडा से और मोंटी निवासी पंजाब, यूके से गैंग को ऑपरेट कर रहे थे। अनुराधा की अगुवाई में इन सब ने मिलकर पिछले 2 साल में पंजाब, हरियाणा, राजस्थान, चंडीगढ़ और दिल्ली सहित कई राज्यों को मिलाकर अपराध की दुनिया बना ली थी।

चारों राज्यों पर राज की साजिश

पूरी गैंग और कहानी का सूत्रधार लॉरेंस विश्नोई है, जो जेल में बंद है। दिल्ली, पंजाब, हरियाणा और राजस्थान एक-दूसरे की सीमा से सटे हैं। गैंग का नेटवर्क फैलाना चाहते थे। आनंदपाल के एनकाउंटर के बाद राजस्थान में राजू ठेहट के बाद किसी का वर्चस्व नहीं रहा। लेडी डॉन ऐसी थी, जो क्राइम प्लानिंग की मास्टर मानी जाती थी। लॉरेंस ने काला जठेड़ी से अनुराधा को मिलवाया, जो उन दिनों दिल्लीएनसीआर, पंजाब और हरियाणा में सक्रिय था। लेडी डॉन की एंट्री के बाद उनके हिस्से में राजस्थान भी जुड़ गया। इसके बाद दिल्ली, राजस्थान, पंजाब और हरियाणा में अंडर वर्ल्ड जैसी दुनिया बसाने की प्लानिंग शुरू हुई। यहीं कारण था कि 2 साल में अपने सारे विरोधियों को ठिकाने लगा दिया था। इंटरनेशनल गैंग के लोग विदेश में बैठे भारत में आपराधिक वारदात को अंजाम देने लगे थे।

गोवा से मिला पुलिस को पहला सुराग

जेल में बंद लॉरेंस विश्नोई और पूर्व में गिरफ्तार कई गैंगस्टरों से पूछताछ के बाद दिल्ली पुलिस की स्पेशल सेल को कई सुराग हाथ लगे। एसीपी राहुल विक्रम के निर्देशन, इंस्पेक्टर विक्रम दहिया व इंस्पेक्टर संदीप दाबास के नेतृत्व में सीआई यूनिट की टीम का गठन किया गया। इसके बाद गैंगस्टर काला जठेड़ी और अनुराधा चौधरी को पकड़ने की योजना बनी। दोनों के खिलाफ पुलिस को पहला सुराग गोवा से मिला। इसके बाद गुजरात, मध्य प्रदेश, बिहार, उत्तर प्रदेश, आंध्र प्रदेश, पंजाब, हरियाणा और उत्तराखंड तक दोनों का पीछा करने के बाद आखिरकार पुलिस टीम को एक CCTV फुटेज मिली। गैंगस्टर संदीप उर्फ़ काला जठेड़ी सरदार के वेश में अनुराधा के साथ दिख रहा था। इसके बाद पुलिस टीम ने दोनों को पकड़ने के लिए अंजाम दी जाने वाली कार्रवाई को ऑपरेशन 'OP-D 24' नाम दिया।

अनुराधा पर हत्या-अपहरण के 12 मामले दर्ज, गैंगस्टर के साथ अफेयर, आनंदपाल के एनकाउंटर के बाद 7 लाख के इनामी बदमाश के साथ रहने लगी

राजस्थान की एकमात्र लेडी डॉन अनुराधा दिल्ली पुलिस की गिरफ्त में आ चुकी हैं। दिल्ली पुलिस की स्पेशल टीम ने उसे कुख्यात गैंगस्टर काला जठेड़ी के साथ गिरफ्तार किया । जठेड़ी के साथ वह 9 महीने से लिव इन में रहकर पूरी गैंग को ऑपरेट कर रही थी। जठेड़ी पर हरियाणा पुलिस ने 7 लाख का इनाम घोषित कर रखा था । इससे पहले लेडी डॉन अनुराधा चौधरी राजस्थान के कुख्यात गैंगस्टर आनंदपाल से जुड़ी थी। कई डिग्रियां ले चुकी अनुराधा को आनंदपाल ने शार्प शूटर बनाया था। वह अपहरण करने में माहिर थी। आनंदपाल को पुलिस कस्टडी से छुड़ाने में भी उसकी भूमिका सामने आई थी।

लॉरेंस इसी गैंग का मुखिया भी माना जाता है। लॉरेंस ने ही अनुराधा को काला जठेड़ी से मिलाया था। इसके बाद जठेड़ी का अनुराधा पर इतना भरोसा बढ़ गया कि उसकी पूरी गैंग को वही ऑपरेट करती थी। लॉरेंस बिश्नोई गिरोह को पहले थाईलैंड से राजू बसौदी चला रहा था। हरियाणा एसटीएफ ने उसे वहां से डिपोर्ट कर गिरफ्तार कर लिया। इससे पहले बिश्नोई भी पुलिस की गिरफ्त में आ चुका था। इसके बाद से बिश्नोई गैंग को काला जठेड़ी ही ऑपरेट कर रहा था। बिश्नोई गिरोह रंगदारी, फिरौती, लूट और हत्या की वारदातों को अंजाम देता था ।

अनुराधा पर लूट, किडनैपिंग, रंगदारी समेत कई मामले दर्ज

अनुराधा पर लूट, किडनैपिंग, रंगदारी मांगने समेत कई गंभीर अपराध दर्ज हैं। डॉन अनुराधा को 2016 में नागौर जिले की अदालत ने 2 साल की सजा सुनाई थी। साथ ही 20 हजार रुपए का जुर्माना भी लगाया।

राजस्थान में भी उसके खिलाफ हत्या और अपहरण के 12 से ज्यादा मामले दर्ज हैं। इसमें लूट, किडनैपिंग, रंगदारी मांगने समेत कई गंभीर अपराध भी हैं। पुलिस अधिकारियों के अनुसार इनमें सबसे अधिक मामले अपहरण के हैं।

मशहूर पंजाबी सिंगर सिद्धू मूसेवाला की हत्या के मामले में गैंगस्टर गोल्डी बरार के साथ दूसरा नाम आया कुख्यात गैंगस्टर लॉरेंस बिश्नोई का | राजस्थान में उसके गैंग ने कई कारनामे किए | लॉरेंस तब चर्चा में आया जब उसने 2018 में जोधपुर कोर्ट में पेश होने के बाद अभिनेता सलमान खान की हत्या की धमकी दी थी | न सिर्फ धमकी दी

बल्कि उसने सलमान खान की हत्या के लिए शार्प शूटर मुंबई भेजे थे |लॉरेंस ने सलमान खान की हत्या की पूरी साजिश रच ली थी | उसके गैंग का एक शार्प शूटर संपत नेहरा मुंबई पहुंचा था | उसने मुंबई में सलमान के गैलेक्सी अपार्टमेंट की रेकी की थी | वारदात को अंजाम देने से पहले वह हरियाणा पुलिस के हत्थे चढ़ गया और साजिश नाकाम हो गई |

इसके बाद जानकारी मिली कि फिल्म रेडी की शूटिंग के दौरान लॉरेंस ने अपनी गैंग के सदस्यों के साथ सलमान खान को मारने की पूरी प्लानिंग कर ली थी, लेकिन ऐन वक्त पर उसे हथियार नहीं मिल सके और उसकी योजना सफल न हो सकी | लॉरेंस बिश्नोई समुदाय से है | हिरण की बिश्नोई समुदाय में पूजा की जाती है | लॉरेंस सलमान को हिरण शिकार की सजा देना चाहता था | धमकी के बाद सलमान की सुरक्षा भी जोधपुर पेशी के दौरान कड़ी की गई थी |

गोल्डी, लॉरेंस और लेडी डॉन अनुराधा का इंटरनेशनल क्राइम सिंडिकेट

मशहूर पंजाबी सिंगर सिद्धू मूसेवाला की हत्या की जिम्मेदारी लेने वाले गैंगस्टर गोल्डी बरार का कनेक्शन राजस्थान की लेडी डॉन अनुराधा से भी है | दरअसल अनुराधा गैंगस्टर गोल्डी और ल़ॉरेंस बिश्नोई ने इंटरनेशनल सिंडिकेंट बना रखा था | अनुराधा को 31 जुलाई 2021 में दिल्ली पुलिस ने उसके पार्टनर काला जेठड़ी के साथ गिरफ्तार किया था | अनुराधा फिलहाल अजमेर जेल में बंद है | तब दिल्ली पुलिस की पूछताछ में ही सामने आया था कि लेडी डॉन अनुराधा लॉरेंस की मदद से एक इंटरनेशनल क्राइम सिंडिकेट चला रही थी | दिल्ली पुलिस की पूछताछ में यह भी सामने आया था कि अनुराधा और लॉरेंस के इस इंटरनेशनल गिरोह में गोल्डी बरार भी शामिल है | इस गिरोह में कुख्यात बदमाश वीरेंद्र प्रताप उर्फ काला राणा थाईलैंड से, सतेंद्रजीत सिंह उर्फ गोल्डी बरार कनाडा से और मोंटी UK से गैंग को ऑपरेट कर रहे थे | गैंगस्टर लॉरेंस और अनुराधा हिंदुस्तान में इस गैंग को ऑपरेट कर रहे थे| गैंग का ब्रेन अनुराधा ही थी |

अनुराधा की लेडी डॉन बनने की कहानी बड़ी अजीब है | माँ का साया सिर पर नहीं था | पिता भी जीविका की तलाश में घर से बाहर रहते थे

| अनुराधा के ऊपर किसी अभिभावक का बंधन नहीं था | वह स्वच्छंद हो गई और जल्दी से जल्दी अमीर बनने का सपना बुनने लगी | उसने स्टॉक मार्केट में भी अपनी किस्मत आजमाई पर असफल रही | उसके अंदर जल्दी से जल्दी अमीर बनने का जुनून सवार था | अच्छी शिक्षा के बावजूद भी अमीर बनने की महत्वाकांक्षा की वजह से उसने अपराध का रास्ता चुन लिया और अपराध की दुनिया में लेडी डॉन बन गई | जैसा की हर अपराधी के साथ होता है, उसके साथ भी हुआ और वो अंततः कानून की गिरफ्त में आ गई | इस कहानी से हमें यह प्रेरणा मिलती है कि हम धन अर्जन जरूर करें पर ईमानदारी के रास्ते से | सिर्फ दिखावे और झूठी पहचान से किसी की अस्मिता कायम नहीं रह सकती | नारी की अस्मिता सेवा, समर्पण और त्याग में है | यही नारी की सच्ची पहचान है |

8

योगिता रघुवंशी

योगिता रघुवंशी: वो एक क्वालिफाइड वकील बन सकती थी पर बनी भारत की पहली महिला ट्रक ड्राइवर

कार चलती, हवाई जहाज उड़ाती महिलाएं कितनी कूल लगती हैं ना! हम उन्हें देखकर ये जताने

की कोशिश करते हैं कि महिलाएं पुरूषों के बराबर हैं| पर वाकई बराबरी देखनी है तो हमें गहरे संमदर में झांकना चाहिए, जहां हमें दिखाई देती है रेखा, वो भारत की पहली और इकलौती

मछुवारिन है, जो गहरे समंदर में उतरकर मछलियां पकड़ती है | मैं बात कर रहा हूँ योगिता रघुवंशी की, जो भारत की पहली महिला ट्रक ड्राइवर हैं.

वैसे तो योगिता हमारे देश की क्वालिफाइड वकील बनकर रूतबा हासिल कर सकतीं थीं, पर उन्होंने चुनी कभी ना रूकने वाले सफर की राह | वो राह जहां केवल पुरूष चलते हैं.. वो राह जो खतरों और जोखिमों से भरी है... वो राह जहां महिलाओं के जाने पर उनके चरित्र तक पर लांछन लगा दिए जाते हैं...

एक हादसे ने बदल दी जिंदगी

योगिता की जिंदगी यूं तो आम भारतीय महिलाओं की तरह ही थी | चार भाई-बहनों के साथ महाराष्ट्र के नंदुरबार में पली-बढ़ी, कॉमर्स और लॉ में डिग्री हासिल की | परिवार ने योगिता के लिए अच्छा वर देखा और फिर शादी कर दी | यूं तो योगिता नौकरी करना चाहती थीं पर यह शादी भी जरूरी कत्वर्य था | हर बेटी की किस्मत योगिता जैसी हो ये जरूरी नहीं | योगिता को पति का साथ मिला और उन्होंने अपनी पढ़ाई जारी रखी |

चूंकि पति खुद वकालत के पेशे में थे इसलिए वे योगिता की योग्यता को पहचान गए और उन्होंने उसे कानून की शिक्षा लेने की सलाह दी | योगिता ने लॉ कॉलेज में दाखिला लिया | पढ़ाई जारी रही, इसी बीच वे मां बनी | दो नन्हें बच्चे हुए याशिका और यशविन | सब कुछ ठीक चल रहा था | तभी जिंदगी में एक अनचाहा हादसा हुआ | जब तक योगिता की पढ़ाई पूरी हुई और वे कोर्ट की चौखट तक पहुंचती, उनके पति का देहांत हो गया |

दो छोटे बच्चे, कमाई का कोई और साधन नहीं. सीमित संपत्ति.. और पूरा जीवन! योगिता के सामने कई सवाल थे, चुनौतियां थीं | उन्होंने खुद को सम्हाला और अपनी पढ़ाई का फायदा उठाते हुए वकील के पेशे में उतर गईं | लेकिन वो बताती हैं कि ये काम आसान नहीं था | मुझे साल भर में मुश्किल से एक पिटीशन मिली, इतने कम पैसे में गुजारा कैसे होता? अगर केस नहीं तो आय नहीं, आय नहीं तो बच्चों की परवरिश कैसे करती ?

इसलिए मुझे ऐसे काम की तलाश थी, जहां तत्काल आय का स्त्रोत बन जाए | योगिता बताती हैं कि मैंने कई जगह नौकरी की तलाश की पर बात नहीं बनी | घर की माली हालात खराब हो रही थी | बच्चों की स्कूल फीस और दूसरे खर्च उठाने थे और मुझे काम नहीं मिल रहा था |

ताने सुनें पर धैर्य नहीं तोड़ा

योगिता कहती हैं, 'पति पेशे से वकील थे, पर साइड में वो ट्रांसपोर्ट का काम करते थे | जब मुझे

हमारे पहले पेशे में ठीक से आमदनी नहीं हुई तो मैंने ट्रांसपोर्ट में रुचि लेना शुरू किया | परिवार वाले साथ थे | पर कुछ ऐसे लोग भी थे, जिन्हें मेरा ट्रांसपोर्ट लाइन में जाना नहीं सुहाया | वजह

ये थी कि ट्रक ड्राइवरों की खराब छवि | उनके आसपास भी महिलाओं का रहना असुरक्षित माना जाता है | लेकिन ट्रांसपोर्ट आते-जाते सारे भ्रम टूटते गए |

जब योगिता ट्रांसपोर्ट के काम में उतरीं, तब उनके पास तीन ट्रक थे वे ऑफिस में बैठकर काम करती थीं, ड्राइवर माल ढोने का काम करते थे | पर तभी एक और हादसा हुआ | हैदराबाद में माल ले जाते समय ट्रक का एक्सीडेंट हो गया | ड्राइवर मौके से फरार हो गया | आनन—फानन में योगिता हैदराबाद पहुंची, ट्रक रिपेयर करवाया और उसे लेकर भोपाल पहुंची |

ये वो पहला अनुभव था जब योगिता ने समझा कि उन्हें इस बिजनेस में टिकने के लिए खुद स्टेयरिंग संभालना होगा | योगिता ने ट्रक ड्राइविंग का प्रशिक्षण लिया, फिर ड्राइवरों के साथ बैठकर अनुभव लिया और कुछ ही महीनों बाद वे खुद फुल टाइम ट्रक ड्राइवर बन गईं| योगिता कहती हैं कि जब मैं ट्रेनिंग ले रही थी तो बहुत से ट्रक ड्राइवर मेरा मजाक उड़ाते थे | उन्हें लगता था कि महिला हूं इसलिए ये काम मेरे बस का नहीं | पर मैं जानती हूं कि मेरे पास क्या जिम्मेदारी थी? जब भी ड्राइवर सीट पर बैठकर स्टेरिंग थामती तो बस बच्चों का ख्याल आता था|

...और शुरू हो गया सफर

ताने सुनें, जलील भी हुई, लोगों की बुरी नजरों का सामान भी किया पर योगिता का धैर्य नहीं टूटा | उन्होंने अपने ट्रांसपोर्ट बिजनेस के लिए ट्रक चलाना शुरू कर दिया | इस काम को करते हुए अब16 साल बीत चुके हैं | योगिता कई कई रातें जाकर लंबे सफर तय करती हैं | इतना ही नहीं इस काम में कई बार पुरुष ड्राइवरों के साथ उनकी झड़प भी हुई | कुछ ने तो

रास्ते में हमला तक कर दिया पर वे डटी रहीं |

मीडिया को दिए साक्षात्कारों में योगिता बताती हैं कि शुरू के 5 साल मुश्किल भरे थे | वे अपने अनुभव से कहती हैं कि जब भी कोई महिला ऐसा कोई काम करती है जहां केवल पुरूषों का अधिकार क्षेत्र रहा हो वहां चुनौतियां दोगुनी हो जाती हैं | जहां एक महिला के लिए ये बस केवल काम है वहीं एक पुरुष के लिए मान—सम्मान पर ठेस जैसा है |

वो कहती हैं कि महिलाएं कार चलाती हैं तो लोग आज भी हंसते हैं | अगर महिला टिकट काउंटर पर बैठी हो तो लाइन में खड़े पुरुष उसका मजाक उड़ाते हैं | लोगों को लगता है कि महिलाएं बस घर और बच्चे संभालने के लिए हैं पर मैं भी तो वही कर रही थी | अपने परिवार और बच्चों के लिए काम कर रही थी | योगिता अपनी हिम्मत के दम पर कुशल ट्रक ड्राइवर हैं|

आज तक उनके हाथ से कोई एक्सीडेंट नहीं हुआ | माल डिलेवरी कभी डिले नहीं हुई | वे सफल बिजनेस वुमन हैं और साथ ही भारत की पहली और इकलौती महिला ट्रक ड्राइवर भी |

वाकई हमारे देश को योगिता जैसी महिलाओं की जरूरत है! ऐसी महिलायें नारी अस्मिता की मिशाल हैं |

9

पुतली बाई

'डाकू हसीना' पुतली बाई चंबल की पहली महिला डकैत,

चंबल के बीहड़ में एक दशक तक डकैत पुतलीबाई का राज रहा है | चंबल के इतिहास में पुतलीबाई का नाम पहली महिला डकैत के रूप में दर्ज है | आइए जानते हैं, नाच गाने के लिए मशहूर गौहरबानो उर्फ पुतलीबाई कैसे बनी बीहड़ की रानी |

ग्वालियर। 50 के दशक से पहले चंबल में बन्दूकबाज़ी मर्दानगी की निशानी मानी जाती थी | पचास के दशक तक कोई भी आदमी यह सोच भी नहीं सकता था कि एक औरत बंदूक भी चला सकती है | पुरुषों के इसी भ्रम को तोड़ा चम्बल की कुछ महिला डकैतों ने जिन्होंने बीहड़ों पर पुरुष डकैतों की तरह ही राज किया | हत्या, लूट, डकैती और अपहरण के मामलों में भी ये महिला डाकू किसी से पीछे नहीं रहीं | चम्बल की फिजाओं में बारूद भरने वाली एक ऐसी ही महिला डकैत थी पुतली बाई |

क्रांतिकारी बिस्मिल के गांव में जन्मी पुतलीबाई

चंबल नदी के किनारे बसे मुरैना की अंबाह तहसील का बरबई गांव भारत के महान क्रांतिकारी राम प्रसाद बिस्मिल के लिए जाना जाता है बिस्मिल के जन्म के करीब 33 साल बाद 1926 में यहीं पर नन्हें और असगरी के घर एक बच्ची का जन्म हुआ | माँ बेहद खूबसूरत थी , बेटी

उससे भी ज्यादा | उसका नाम भी उतना ही हसीन रखा गया –गौहर बानो |

पुतलीबाई को बचपन से नाच गाने का शौक था

घर में शुरु से ही नाच गाने का माहौल था | पुतली बाई ने बड़े भाई के टेबल की थाप पर पैर चलाने शुरू किए तो लोगों के दिल उसके कदमों में गिरने लगे | कहते हैं कि दुबली पतली गौहर बानो जब नृत्य करती थी तो शरीर पुतली की तरह हरकत करता था | इसी वजह से उसका नाम पुतली बाई पड़ा |

पुतली की शोहरत के लिए छोटा पड़ने लगा गांव

जल्द ही पुतलीबाई के नाम का डंका बजने लगा | कम उम्र में उसकी महफ़िल का हिस्सा बनने के लिए अमीरों की तिजोरियां खुल गई| पुतली ने वो ग्लैमर देख लिया जिसका लोग सपना देखते थे | उसकी माँ को भी लगा कि अब ये इलाका पुतली की शोहरत के आगे छोटा पड़ने लगा है | अपनी बेटी को लेकर माँ असगरी बाई आगरा चली गई | उसके घुँघरुओं की झंकार से ज्यादा सिक्के बरसने लगे |उसकी महफ़िल सजाने के लिए पैसे वालों की लाइन लगने लगी | पूरे उत्तरप्रदेश में पुतली बाई नशे की तरह छा गई |

कामयाब औरत के 100 दुश्मन

प्रसिद्धि और कामयाबी अपने साथ सौ दुश्मन भी लाती है | अगर वो औरत हो तो उसकी कामयाबी पुरुषों को आसानी से हजम नहीं होती| ऐसा ही पुतली बाई के साथ भी हुआ| उसके कार्यक्रमों में बार बार पैसे वाले खलल डालने लगे | पुलिस वालों का दिल भी डोलने लगा| परेशान होकर पुतली बाई वापस अपने गाँव बरबई लौट गई |

पहली बार डाकू सुल्ताना से सामना हुआ

पुतलीबाई की महफिलें बड़ी से बड़ी होती गई | पुतलीबाई के घुँघरुओं की गूंज चम्बल के बीहड़ तक पहुँच गई थी | बारूद की गंध में जीने वाले डाकू सुलताना का दिल भी पुतली बाई के लिए मचलने लगा | पड़ोस के गाँव “सिरीराम का पूरा” में पुतलीबाई के एक कार्यक्रम में वो भी पहुँच गया | उसे पुतली की अदाएं भा गई | उसने 500 रुपये का ईनाम भी पुतली को दिया |

डाकू की मोहब्बत पुतलीबाई को बीहड़ में खींच ले गई

एक छोटी सी मुलाकात के बाद डाकू सुल्ताना पुतली का दीवाना हो गया| कहा जाता है कि सुलताना डाकू महिलाओं की इज्जत करता था | उसने कभी किसी महिला की इज्जत पर हाथ नहीं डाला था | पुतली बाई की उम्र उस वक्त 25 साल की रही होगी| धौलपुर जिले के एक गाँव में एक शादी समारोह में पुतली बाई अपनी महफ़िल सजाने आई थी | सुलताना को पता चला तो वो भी वहाँ पहुँच गया | रात के दो बजे थे | अचानक रायफल से फायरिंग हुई और सन्नाटा छा गया | तबला और लाइट बंद कर दी गई | सामने देखा तो सुलताना डाकू था | सारंगी की धुन खामोश हो गई | उसे देख कर पुतली बाई जरा भी घबराई नहीं | सुलताना से बेधड़क पूछा – 'कौन हो तुम ?' आवाज आई , 'तुम्हारा चाहने वाला' | सुलताना ने उसी वक्त पुतलीबाई को अपने साथ चलने को कहा | पुतली बाई ने इनकार कर दिया तो उसने तबला बजाने वाले पुतली के भाई के सीने पर बंदूक तान दी | पुतली बाई को भाई की जान बचाने के लिए मजबूरन सुलताना के साथ जाना पड़ा | एक डाकू की मोहब्बत पुतली बाई को बीहड़ में खींच ले गई |

पुतलीबाई को नहीं भाई बारूद की गंध

जान बचाने की मजबूरी थी या दिल के हाथों मजबूर | पुतली बाई अब चम्बल के खूंखार डाकू सुलताना की प्रेमिका बन गई | धीरे धीरे पुतलीबाई को भी सुलताना से प्यार हो गया |यह खबर चम्बल के आसपास के सभी गावों में आग की तरह फैल गई | कत्ल, अपहरण और बारूद की गंध उसे अब अच्छी नहीं लगती थी | उसके पेट में सुलताना का बच्चा पल रहा था |उसे अपने अपने बच्चे के भविष्य का डर सता रहा था | सुलताना भी इस बात को समझ गया और उसे अपने गाँव वापस जाने दिया |

पुलिस ने किया टॉर्चर, तो फिर पहुंच गई बीहड़

गांव आते ही पुलिस ने उसे पकड़ लिया | सुलताना के बारे में पूछताछ करने लगी | पुलिस वाले उसके घर आ धमकते और उसे टॉर्चर करते लेकिन पुलिस वालों के सामने वह कभी भी नहीं टूटी | पुलिस वाले उसे जबरदस्ती उठाकर थाने ले जाते| उसकी इज्जत के साथ भी खिलवाड़

करते | वह बच्चे के पैदा होने का इंतजार करने लगी | वह पुलिसवालों से परेशान हो गई थी | वह बीहड़ में फिर से सम्मान की जिंदगी जीना चाहती थी | उसने एक बच्ची को जन्म दिया और उसका नाम तन्नो रखा | कुछ दिनों वाद वह बच्ची को अपनी माँ के पास गाँव में ही छोड़कर बीहड़ में सुलताना डाकू के पास चली गई |

बीहड़ के रंग में रंगने लगी पुतलीबाई

पुतली बाई अब बदल चुकी थी | पुलिस की यातनाओं ने उसे अब फौलाद बना दिया था | उसे लूटपाट , डकैती, खूनखराबे से डर नहीं लगता था | सुलताना ने उसे लूटी हुई रकम का बंटवारा करने का काम सौंपा | बंदूक चलाना भी सिखाया | एक दिन धौलपुर के रजई गाँव के पास पुलिस ने उसके गिरोह को घेर लिया | दोनों तरफ से गोलियां चलती रहीं |पुतली बाई को पुलिस ने कैद कर लिया और उसे आगरा की जेल में बंद कर दिया | उसे जमानत मिल गई | वह पुलिस को चकमा देकर फिर से सुलताना डाकू के पास बीहड़ पहुँच गई|

टॉर्चर करने वाले पुलिसवालों की अंगुलियां काट दी

इस बार पुतली बाई बदला लेने के लिए मूर्ति गैंग में शामिल हुई | पुतली बाई का पहला निशाना पुलिसवाले और उनके परिवार वाले थे , जिन्होंने उसे टॉर्चर किया था उसकी इज्जत पर हाथ डाला था | पुतली बाई ने उन लोगों के घर जाकर उनकी अंगुलियाँ काट डाली और अंगूठी निकाल ली, महिलाओं के कानों को चीर दिया | पुतली बाई का क्रूर चेहरा पहली बार लोगों के सामने आया | अब उसका खौफ बढ़ने लगा |

मारा गया डाकू सुलताना, पुतलीबाई रह गई अकेली

उस वक्त सुलताना ने अपनी गैंग को बढ़ाने के लिए चम्बल के ही एक और डाकू लाखन सिंह से हाथ मिला लिया | पुतलीबाई समझ गई थी कि लाखन के इरादे सही नहीं है | वह कभी भी सुलताना का काल बन सकता है | पुतलीबाई की आशंका खरी उतरी | 25 मई 1955 का दिन था | मुरैना जिले के नगरा थाना इलाके मे अर्जुनपुर गाँव में दोनों गिरोहों की बैठक हो रही थी |इसी दौरान पुलिस ने उन्हे घेर लिया | दोनों तरफ से गोलियां चलने लगी | सुलताना का वफादार साथी मातादीन पुलिस की गोली से मारा गया | तभी डकैत लाखन सिंह ने अपने साथी कल्ला डकैत

को इशारा किया कि सुलताना डाकू पर गोली दाग दे | कल्ला ने सुलताना पर गोलियां दाग दी, सुलताना वहीं ढेर हो गया | पुतलीबाई का शक सही निकला | सुलताना के साथ ही पुतलीबाई की जिंदगी खाक में तब्दील हो गई | पुलिस ने दावा किया कि उनकी गोली से सुलताना मारा गया | सन 1956 में पुतलीबाई ने तत्कालीन प्रधानमंत्री जवाहरलाल नेहरू को एक खत भी लिखा था और बताया था कि सुलताना को पुलिस की गोलियों ने नहीं बल्कि गैंग की गोलियों ने मारा है |

पुतलीबाई ने लिया सुल्ताना की हत्या का बदला

सुलताना की मौत के बाद बाबू लोहार गैंग का मुखिया बन गया | पुतलीबाई पर उसकी नियत खराब हो गई | उसने कई बार पुतली बाई का बलात्कार किया | एक दिन बाबू लोहार गैंग और पुलिस के बीच मुठभेड़ हो गई | पुतली बाई को इसी वक्त का इंतजार था | उसने मौका पाकर बाबू लोहार और कल्ला डकैत को अपनी ही राइफल से ढेर कर दिया | इस तरह पुतलीबाई ने सुलताना डाकू की मौत का बदला ले लिया था और वह गैंग की सरदार बन गई |

'डाकू हसीना' को कटवाना पड़ा बांया हाथ

अब पुतलीबाई का आतंक दिनों दिन बढ़ने लगा | एक दिन भिंड जिले के गोरमी गाँव के आसपास पुतलीबाई की पुलिस से मुठभेड़ हो गई | गोली पुतली बाई के कंधे के आरपार हो गई| पुतली बाई का बायाँ हाथ बुरी तरह जख्मी हो गया | उसके सारे शरीर में जहर फैलने लगा तो उसे अपना हाथ कटवाना पड़ा|

अब पुतलीबाई ने दायें हाथ से गोली चलाना सीखा | वह एक हाथ से ही इतना सटीक निशाना लगाने लगी कि गैंग के साथी उसे देख हैरान हो गए |50 के दशक में पुतलीबाई के खौफ से चंबल का इलाका थर्राता था। पुतलीबाई चंबल की पहली दस्यु सुंदरी थी। एक हाथ कटे होने के बाद भी वह 20-20 जवानों से लोहा लेती थी। पुतलीबाई ने भिंड, मुरैना, शिवपुरी और ग्वालियर अंचल में कोहराम मचा दिया | पुतलीबाई के नाम से

लोग कांपने लगे |

32 साल की उम्र में मारी गई पुतली बाई

23 जनवरी 1958 को पुलिस की एक टुकड़ी मुरैना जिले के कोठार गाँव में लाखन सिंह से मुठभेड़ करने की तैयारी में थी | जल्द ही पुलिस ने गाँव को घेर लिया और चारों तरफ भागने के रास्ते बंद कर दिए | पुलिस को पता चला कि यह गैंग लाखन सिंह का नहीं है बल्कि पुतलीबाई का है | दोनों तरफ से जमकर फायरिंग हुई | इस मुठभेड़ में 32 साल की पुतली बाई और उसके गैंग के साथी पुलिस की गोलियों से मारे गए |

चंबल में बगावत की पहली स्त्री आवाज

उसके अगले दिन पुतलीबाई और उसके 9 साथियों की लाशों का मुरैना में प्रदर्शन किया गया | पुतलीबाई की माँ असगरी और उसकी बेटी तन्नो रोती बिलखती वहाँ पहुंची और पुतलीबाई का अंतिम संस्कार किया | इस तरह चम्बल की खूंखार डकैत पुतलीबाई का अंत हो गया | 32 साल की जिंदगी में पुतलीबाई ग्लैमर और बीहड़ की अंधेरी रातों को करीब से देखा था | पुतलीबाई को चम्बल में बगावत की पहली स्त्री की आवाज माना जाता है |

चंबल घाटी के इतिहास में पुतलीबाई का नाम पहली महिला डकैत के रूप में दर्ज है। पुतली बाई ने उस समय में अपना खौफ कायम किया, जब चंबल के बीहड़ में मर्द डकैतों का खौफ था। वह सुल्ताना डाकू की हसीना बनकर जंगलों में घुसी थी और चंबल की पहली दस्यु सुंदरी बन गई। पुतलीबाई का आतंक इतना था कि उसके नाम से ही लोगों की रूह कांप जाती थी। शिवपुरी से लेकर भिंड तक में पुतलीबाई गिरोह की तूती बोलती थी। अपने जीवन में उसने पुलिस के साथ आधा सैकड़ा से अधिक मुठभेड़ों में शामिल रही। साथ ही हर बार गिरोह को सुरक्षित निकालकर ले जाने में सफल रही। ग्वालियर के पुलिस म्यूजियम में अभी उसके हथियार सुरक्षित हैं। पुतलीबाई के जीवन पर आधारित कई फिल्में भी बन चुकी हैं |

मर्द थी वह

कभी चंबल के बीहड़ों में आतंक के पर्याय रह चुके पूर्व दस्यु सरगना

मलखान सिंह भी पुतलीबाई के साहस की मिसाल देते है। वह कहते हैं कि वह 'मर्द' थी और मुठभेड़ में जमकर पुलिस का मुकाबला करती थी। निडरता और साहस के लिए जानी जाने वाली डाकू पुतलीबाई को 23 जनवरी, 1958 शिवपुरी के जंगलों में पुलिस ने एनकाउंटर में मार गिराया था।

10

कुसुमा नाईन

डकैत कुसुमा नाइन जो कभी चंबल में थी आतंक का पर्याय, सरेंडर के बाद बन गई संन्यासन

कभी चंबल की कुख्यात डकैत रही कुसुमा अब जेल में कैदियों को गीता-रामायण का पाठ कराती है। कभी उसके गिरोह के ऊपर यूपी और एमपी में 200 से ज्यादा केस दर्ज थे।

साल 1964 में उत्तर प्रदेश के जालौन जिले के टिकरी गांव के प्रधान के यहां एक बेटी जन्मी। प्रधानी के साथ पिता सरकारी राशन की दुकान भी चलाते थे। घर में पैसे की कोई कमी नहीं थी। इकलौती बेटी को बड़े लाड़-प्यार से रखते थे। बेटी तीसरी कक्षा में पहुंची, तभी पड़ोसी माधव मल्लाह से प्यार हो गया। तीन चार साल तक प्यार पनपता रहा फिर अचानक एक दिन वो लड़की माधव मल्लाह के साथ घर छोड़ कर भाग गई |

बेटी के भागने से बाप परेशान हुआ और पुलिस के पास गया। पुलिस ने लड़की और माधव मल्लाह को दिल्ली में पकड़ लिया । दिल्ली पुलिस

लड़की को बाप के हवाले कर दिया , बाप ने महीने भर के भीतर लड़की की दूसरी जगह शादी कर दी , लेकिन तभी माधव मल्लाह डैकतों की गैंग के साथ गांव पहुंचता है और लड़की के पति के सीने में बंदूक अड़ाकर कर लड़की को उठा ले जाता है।

कहानी उसी लड़की कुसुमा नाइन की जो पुतली बाई के बाद बीहड़ की दूसरी सबसे बड़ी महिला डकैत बनी। जिंदा लोगों की आंखें निकाल लेने वाली कुसुमा 26 साल बाद संन्यासिन कैसे बन गई? आइए जानते हैं...

कुसुमा नाइन डकैती के केस में तीन महीने जेल काटकर आई तो पिता ने बदनामी के डर से पड़ोस के लड़के से उसकी शादी कर दी थी।

कुसुमा को प्रेमी माधव ने पहुंचाया बीहड़ों में

13 साल की उम्र में कुसुमा अपने प्यार माधव के साथ घर छोड़ कर भागी। उस समय माधव मल्लाह डाकू विक्रम मल्लाह के संपर्क में आ चुका था। पिता की शिकायत पर कुसुमा और माधव को दिल्ली पुलिस ने पकड़ा और दोनों पर डकैती का झूठा केस लगा दिया।

जेल में 3 महीने बिता कर जब दोनों वापस आए तो पिता ने बदनामी के डर से कुसुमा की शादी पड़ोस के गांव करेली में रहने वाले केदार नाई से कर दी। इधर माधव मल्लाह डाकू विक्रम मल्लाह के पास पहुंच जाता है और उसकी गैंग का सक्रिय सदस्य बन जाता है।

करीब 6 महीने का वक्त बीतता है। साल 1977 में माधव मल्लाह, विक्रम और पूरी गैंग के साथ कुसुमा की ससुराल पहुंच जाता है। उसके पति केदार के साथ माटपीट करता हैं और कुसुमा को उठाकर बीहड़ ले आता है।

विक्रम मल्लाह की गैंग में रहने के दौरान ही उसे फूलन के जानी दुश्मन लालाराम को मारने का काम दिया गया। लेकिन फूलनदेवी से अनबन के कारण बाद में कुसुमा नाइन, लालाराम को मारने की बजाय उसके साथ ही जुड़ जाती है। फिर विक्रम मल्लाह को ही मरवा देती है। इसी कुसुमा नाइन और लालाराम ने बाद में सीमा परिहार का अपहरण किया था, जो कि कुख्यात डकैत के रूप में उभरकर सामने आई थी। साल 1981 में फूलन देवी बेहमई कांड को अंजाम दिया था।

बेहमई कांड के बाद फूलन ने 13 फरवरी 1983 को सरेंडर कर दिया था। इसके बाद बीहड़ में कुसुमा नाइन का दबदबा तो बढ़ा ही बल्कि लूट, डकैती और हत्या की दर्जनों घटनाओं को usne अंजाम भी दिया। वह अपनी क्रूरता के लिए भी कुख्यात थी। जिसमें वह किसी को जिंदा जला देती थी तो किसी की आंखें निकाल लेती थी। साल 1984 में कुसुमा का नाम सुर्खियों में तब आया, जब उसने बेहमई कांड की तर्ज पर 15 मल्लाहों को एक साथ गोली मार दी थी।

इसी घटना के बाद उसकी लालाराम से भी अनबन हो गई और वह रामाश्रय तिवारी उर्फ फक्कड़ बाबा से जुड़ गई। उस पर एक रिटायर्ड एडीजी समेत कई पुलिसवालों की हत्या का भी आरोप था। कई सालों बाद उसका बीहड़ों से मन उचट गया। साल 2004 में कुसुमा और फक्कड़ ने अपनी पूरी गैंग के साथ पुलिस के सामने सरेंडर कर दिया। अभी कुसुमा जेल में है और उम्रकैद की सजा काट रही है।

बीहड़ में फूलन देवी ने कुसुमा को खूब परेशान किया

जिस डाकू विक्रम मल्लाह की गैंग ने कुसुमा का अपहरण किया था। वो विक्रम फूलन देवी का बॉयफ्रेंड था। फूलन नई-नई डकैत बनी थी। गैंग में उसकी फुल वजनदारी थी। जब उस गैंग में कुसुमा आई तो फूलन ने उसे परेशान करना शुरू कर दिया।

फूलन कुसुमा से पूरी गैंग के लिए पानी भरवाती, सबका खाना बनवाती और उसे गुलाम की तरह रखती थी | वैसे भी फूलन उससे बहुत सीनियर थी । इन सब के बाद कुसुमा फूलन देवी और अपने पति माधव मल्लाह से नफरत करने लगी थी, क्योंकि फूलन उसको प्रताड़ित करती और माधव मल्लाह फूलन का ही साथ देता था।

एक दिन फूलन ने विक्रम मल्लाह से कहा, "कुसुमा को हमारे दुश्मन डाकू लालाराम का कत्ल करने के लिए भेजो।" फूलन के कहने पर विक्रम उसे डाकू लालाराम को अपने प्यार में फंसा कर उसका कत्ल करने को कहता है। मजबूरी में कुसुमा को जाना पड़ता है।

लालाराम के साथ कुछ दिन बिताने के बाद कुसुमा उसी की तरफ हो जाती है और उल्टा विक्रम मल्लाह की ही हत्या करवा देती है। मुठभेड़ में विक्रम के साथ कुसुमा का पति माधव मल्लाह भी मारा जाता है। अब

कुसुमा लालाराम गैंग की सक्रिय सदस्य बन जाती है।

लालाराम हथियार चलाना सिखाता है फिर बेहमई कांड हो जाता है

लालाराम कुसुमा को अपनी गैंग का मुख्य सदस्य बना लेता है और उसे हर तरह के हथियार चलाने की ट्रेनिंग देता है। इसी बीच लालाराम और कुसुमा के प्यार के चर्चे आम हो जाते हैं। कुसुमा लालाराम की गैंग के साथ मिलकर लूट अपहरण जैसी घटनाओं की अंजाम देने लगती है। इसी बीच वह लालाराम के साथ सीमा परिहार का अपहरण करती है। वही सीमा परिहार जो बाद में बीहड़ की कुख्यात डकैत बन गई थी।

उन दिनों कुसुमा लालाराम के लिए जान लेने और देने दोनों के लिए तैयार थी |फूलन देवी डाकू लालाराम और श्रीराम से अपने गैंग रेप का बदला लेने के लिए बेहमई जाती है। दोनों वहां नहीं मिलते | बदले की आग में फूलन सुलग रही थी | उसने 22 राजपूतों को लाइन से खड़ा करके गोली मार दिया । इस घटना ने पूरे देश में सनसनी फैला दी थी। इस कांड के बाद लालाराम और उसकी माशूका बन चुकी कुसुमा बदला लेने के लिए उतावले हो गए थे।

आग लगी लकड़ी चुभाती, अपहरण किए गए लोगों को हंटर से मारती

बेहमई कांड के एक साल बाद यानी साल 1982 में फूलन आत्मसमर्पण कर देती है। लालाराम और कुसुमा का गैंग एक्टिव रहता है। इसी बीच कुसुमा अपनी गैंग के साथ कई अपहरण करती है। उसकी गिरफ्त से छूट कर आने वाले कुछ अपहरण हो चुके लोगों ने पुलिस को बताया था कि कुसुमा उन लोगों के साथ बहुत बुरा बर्ताव करती थी। चूल्हे में लगी जलती हुई लकड़ी को निकाल कर उनके बदन को जलाती थी। जंजीरों से बांध कर उन्हें हंटर से मारा करती थी।

ससुराल जा कर पति को पीटा, एक महिला को बच्चे समेत जिंदा जला दिया

कुसुमा दिनोंदिन क्रूर होती जा रही थी | एक दिन वह अपनी गैंग के साथ अपने ससुराल पहुंची और अपने निर्दोष पति को बेइंतहा पीटा | साथ ही अपनी देवरानी, जेठानी समेत परिवार के सभी सदस्यों की जमकर पिटाई की |

कुसुमा ने एक टीवी इंटरव्यू में कहा था, "मैं बीहड़ में 25 साल तक सिर्फ गुस्से में रही। गुस्सा किस बात का था ये नहीं जानती।"

कुसुमा की क्रूरता की हदें तब पार हो गईं जब उसने जालौन जिले के एक गांव की महिला को उसके बच्चे समेत जिंदा जला दिया था। ये मामला पुलिस की फाइल में आज भी दर्ज है और कुसुमा उसकी सजा काट रही है।

मईअस्ता कांडः 15 मल्लाहों को एक साथ मार दिया, दो जिंदा मल्लाहों की आंखें निकाल लीं

साल 1984 में कुसुमा फूलन देवी के बेहमई कांड का बदला लेती है। फूलन के दुश्मन लालाराम के प्रेम में डूबी कुसुमा अपनी गैंग के साथ बेतवा नदी के किनारे बसे मईअस्ता गांव गई और उस गांव के 15 मल्लाहों को लाइन से खड़ा कर गोली मार दिया ,उनके घरों को आग के हवाले कर दिया।

इसके कुछ दिनों बाद उसने बीहड़ में संतोष और राजबहादुर नाम के मल्लाहों की आंखें निकाल ली और उन्हें जिन्दा छोड़ दिया। कुसुमा की क्रूरता के कारण डकैत उसे चम्बल की शेरनी कह कर बुलाते थे |

लालाराम ने मां की गाली दे दी, कुसुमा ने धमकी देते हुए गैंग छोड़ दी

कुसुमा गुस्सैल थी। एक दिन किसी बात को लेकर उसकी लालाराम से बहस हो गई लालाराम ने उसे मां की गली दे दी। कुसुमा ने लालाराम से कहा, "इसी वक्त गोली से उड़ा दूंगी।" लालाराम ने कहा, ''मैंने तुझे जमीन से आसमान पर पहुंचाया है।'' तब कुसुमा ने कहा कि अब तुम्हारी औकात नहीं कि आसमान से नीचे ला सको। यह कहते हुए कुसुमा गैंग छोड़कर चली जाती है।

लालाराम से अलग होने के बाद कुसुमा डाकुओं के गुरु कहे जाने वाले रामाश्रय तिवारी उर्फ फक्कड़ बाबा के पास चली गई। डाकू फक्कड़ बाबा ने उसे अपनी गैंग में शामिल कर लिया। कुछ दिनों बाद उसके और फक्कड़ के प्यार के किस्से आम हो गए। कुछ ही दिनों में वो फक्कड़ गैंग की दूसरी मुख्य सदस्य बन गई।डाकू फक्कड़ बाबा को डाकुओं का गुरु कहा जाता था। कुसुमा उसकी गैंग में आई तो फक्कड़ बाबा के साथ

उसके प्यार के चर्चे होने लगे।

मुठभेड़ में हैंड ग्रेनेड चलाती थी कुसुमा

अब कुसुमा फक्कड़ से भी ज्यादा खतरनाक हो चुकी थी। जब तक फक्कड़ किसी को मारने के लिए बंदूक उठाता तब तक कुसुमा उसे शूट कर देती। कुसुमा हमेशा स्टेन गन और कारतूस की पेटी से लेस रहती थी। पुलिस से उसकी आए दिन मुठभेड़ होने लगी थी, इसलिए अपने साथ हमेशा हैंड ग्रेनेड रख कर चलने लगी थी। एक मुठभेड़ में उसने 3 पुलिसवालों को मार गिराया था।

50 लाख न मिलने पर रिटायर्ड अतिरिक्त पुलिस महानिदेशकको मार कर नहर में बहा दिया

कुसुमा ने अपने नाम का लेटरपैड जारी कर दिया था। जब भी किसी का अपहरण करती, उसके परिवार को लेटर में धमकी और फिरौती की रकम लिख कर भेजती थी |

साल 1995 में कुसुमा ने एक रिटायर्ड ADG हरदेव आदर्श शर्मा का अपहरण कर लिया । उनके घर वालों से 50 लाख की फिरौती मांगी। बेटा पवन किसी तरह कर्जा लेकर फिरौती का इंतजाम करने में लगा हुआ था। समय पर फिरौती रकम न मिल पाने पर कुसुमा ने हरदेव आदर्श को गोली मार कर नहर में बहा दिया । उनका शव सहसो थाना क्षेत्र में नहर किनारे से बरामद किया गया था।

इस घटना के बाद पुलिस ने कुसुमा पर 35 हजार रुपए का इनाम रख दिया था। इनाम रखने के बावजूद पुलिस कुसुमा को नहीं पकड़ पा रही थी। STF की कई टीमें दिनरात कोशिश करती रहीं, लेकिन कुसुमा और फक्कड़ को पकड़ नहीं पाईं।

पुतली बाई के बाद कुसुमा चंबल की दूसरी सबसे खूंखार महिला डकैत बन चुकी थी। बीहड़ में उसकी बादशाहत इस तरह कायम हो चुकी थी कि उसके इशारे पर उसकी गैंग के डकैत किसी का भी सिर कलम करने को तैयार रहते थे।

फक्कड़ ने उसके भीतर की संन्यासन को जगाया, फिर उसने सरेंडर कर दिया

फक्कड़ बाबा भगवान में बहुत ज्यादा श्रद्धा रखता था। लूट, अपहरण

हत्याएं तो करता था, लेकिन बीहड़ के बाकी डाकुओं को प्रवचन भी दिया करता था। इसके लिए बाकी डाकू उसे इज्जत भी दिया करते थे। कई डाकू उसे अपना गुरु भी मानते थे।

बीतते समय के साथ फक्कड़ अध्यात्म के करीब होता गया। धीरे धीरे कुसुमा पर भी उसकी बातों का असर होता गया | अब कुसुमा अपना जीवन पुलिस के खौफ में रात दिन बीहड़ में भटकते हुए नहीं बिताना चाहती थी |

एक दिन दोनों ने मिलकर सरेंडर करने का फैसला ले लिया। सरेंडर करते वक्त कुसुमा ने शर्त रखी थी कि वो UP के मुख्यमंत्री मुलायम सिंह के सामने सरेंडर करेगी। साल 2004 में कुसुमा और फक्कड़ ने अपनी पूरी गैंग के साथ पुलिस के सामने सरेंडर कर दिया। सरेंडर के वक्त कुसुमा पर 24 मुकदमे दर्ज थे जिनमें से 13 हत्या के थे। अभी कुसुमा जेल में है, उन्हीं मुकदमों की सजा काट रही है।

जेल जा कर राम लिखना सीखा, सुबह नहा कर घंटों पूजा करती है

पुलिस अधिकारी बताते हैं, "जेल में कुसुमा भोले बाबा की भक्ति में लगी हुई है। सुबह उठकर स्नान करती है और घंटों तप करती है। वह खूंखार डकैत से संन्यासन बन चुकी है। शाम के वक्त गीता और रामायण का पाठ भी करती है। जेल के बाहर जो सिर्फ हथियार चलाना जानती थी अब वो जेल के अंदर जाकर कलम चलाना भी सीख चुकी है। जेल के अंदर उसने सबसे पहले राम लिखना सीखा था। वहीं, डाकू फक्कड़ बाबा भी जेल के अंदर प्रवचन देने लगा है।"

11

रेनू यादव

हम सभी जानते हैं कि परिस्थितियां कभी भी एक जैसी नहीं होती हैं। इन्हीं परिस्थितियों की वजह से ही इंसान में कई बड़े बदलाव भी देखे जाते हैं। जिसके चलते कभी कभी वह बुरे रास्ते को भी अपनाने में नही कतराता है। एक ऐसी ही घटना एक लड़की के साथ घटी, और वह एक डाकू बन गई।

जी हां , दरअसल वह लड़की है रेनू यादव । इसे कौन नहीं जानता? यह यूपी और राजस्थान की जानी-मानी महिला डकैतों में से एक है। उसके नाम से कई क्रिमिनल रिकॉर्ड्स भी हैं। लेकिन ऐसा इसके साथ क्या घटित हुआ कि जिसके कारण इसे ये सब अपनाना पड़ा ? आइए जानते हैं इसके बारे में|

उत्तर प्रदेश में औरैया जिले के गांव जमालीपुर में रहने वाले विधाराम यादव के घर रेनू यादव का जन्म पांच भाई-बहन के साथ हुआ। जिसमें वो सबसे बडी है। विधाराम यादव को आर्थिक समस्याओं के चलते माली हालत ठीक नहीं थी। लेकिन बच्चों के साथ उनका जीवन खुशहाल ही चल रहा था। फिर कुछ ऐसा घटित हुआ जिससे रेनू की जिंदगी में बड़ा बदलाव आया।

यह सब 29 नवम्बर 2003 को हुआ। इस दिन स्कूल गई हुई रेनू जब घर लौट रही थी, तो बीच रास्ते में चंदन यादव नाम के एक खतरनाक डकैत ने उसका अपहरण कर लिया और उत्तरप्रदेश के औरैया के बीहड़

जंगल में ले गया। चंदन यादव ने इसके बदले फिरौती में विधाराम से दस लाख रुपये की मांग की। लेकिन गरीबी के चलते वह इतनी रकम जुट न सका। ऐसे में उसने पुलिस की भी मदद मांगी लेकिन पुलिस की ओर से भी उसे किसी भी तरह की कोई मदद नहीं मिली।

फिरौती न मिल पाने के कारण रेनू यादव को चंदन डकैत ने अपने पास ही रख लिया और उसे हथियार चलाने की ट्रेनिंग देने लगा । जब भी वह डाका डालने के लिए जाता तो अपने अन्य शागिर्दों के साथ वह रेनू को भी लेकर जाता था। कुछ ही दिनों में रेनू गैंग की सक्रीय सदस्य बन गई | उसकी दहशत इतनी फैल गई थी कि राजस्थान और यूपी के लोग रेनू के नाम से कांपने लगे थे ।

रेनू के नाम से कई दर्जन डकैती व हत्या के मामले थाने मे दर्ज हैं। दो साल बीत जाने के बाद 2005 में एक दिन रामवीर गुर्जर और चंदन यादव की गैंग के बीच भारी गोलीबारी हुई। जिसमें रेनू ने मौके का फायदा उठाते हुए चंदन यादव को गोली मार दी और वहां से भागकर पुलिस को सरेंडर कर दिया क्योंकि वहां रहने पर उसे रामसिंह गुर्जर के साथ रहना पड़ता। जिसकी नजर रेनू की सुंदरता पर थी। रेनू सुन्दरता के मामले में भी किसी हिरोइन से कम नहीं है और इसके साथ ही वो काफी फिट भी है।

वह सात साल की सजा काट चुकी है और अब वह कानपुर में अपने चाचा शिवपाल सिंह यादव के पास रहती है। फिलहाल अब वो गौ रक्षक दल की महासचिव का कार्य भार संभाल रहीं हैं और इसके साथ ही वह समाजवादी पार्टी से भी जुडी हुई हैं।

12

दस्यु सुन्दरी साधना पटेल

दहशत का पर्याय दस्यु सुंदरी साधना के मोहब्बत से अपराध तक की कहानी

उत्तर प्रदेश की सीमा से लगे मध्य प्रदेश के मझगवां थाना पुलिस ने इलाके में आतंक का पर्याय बन चुकी 50 हजार की इनामी दस्यु सुंदरी साधना पटेल को नवंबर 2019 में गिरफ्तार कर लिया गया। करियन के जंगल से गिरफ्तार हुई साधना के पास से 315 बोर की राइफल भी जब्त की गई |मध्य प्रदेश के सतना पुलिस अधीक्षक रियाज इकबाल ने बताया कि सात लाख के कुख्यात इनामी डकैत बबली कोल गैंग के खात्मे के बाद मध्य प्रदेश पुलिस सीमावर्ती इलाके में आतंक का पर्याय बनी 50 हजार की इनामी दस्यु सुंदरी साधना पटेल गैंग के सफाये के लिए पुलिस लगातार अभियान चला रही थी।

बीते दिनों ही साधना गैंग के सदस्य 10 हजार के इनामी डाकू रिंकू उर्फ रवि शिवहरे को भैरम बाबा के जंगल में घेरकर गिरफ्तार किया गया था। उसके पास से 12 बोर का एक लोडेड कट्टा और जिंदा कारतूस भी बरामद किया गया। वर्ष 2017 की 22 दिसम्बर को दो शिक्षकों रामप्रताप पटेल और फूल सिंह गोंड को 5 लाख की फिरौती के लिए अगवा करने के मामले में पुलिस को इस बदमाश की करीब दो साल

से तलाश थी। रिंकू की गिरफ्तारी के बाद पुलिस को दस्यु साधना गैंग के अहम सुराग मिले और दस्यु सुंदरी की गिरफ्तारी हो सकी। एस पी ने बताया कि दस्यु सुंदरी साधना पटेल की गिरफ्तारी के बाद चित्रकूट और आसपास के इलाकों में दहशत का साम्राज्य खत्म होगा। उन्होंने अभियान में लगे अतिरिक्त पुलिस अधीक्षक गौतम सोलंकी समेत सभी अधिकारियों को इस सफलता के लिए बधाई दी ।

डकैत साधना पटेल का नाम अभी दो वर्ष पहले ही पाठा के बीहड़ों में चर्चा में आया था। बबुली कोल गैंग सफाया होने के बाद एमपी पुलिस के रडार पर साधना पटेल आ गई थी। एमपी पुलिस पिछ्ले एक साल से उसकी तलाश में जुटी थी। बीहड़ में कूदी साधना का नाम कम समय में ही चर्चा में आ गया था । आए दिन राह चलते लोगों से मारपीट कर छिनैती करके उसने इलाके में दहशत फैला दी थी। साधना की दहशत से सीमा के गांवों में रहने वाले लोग शाम से ही घरों के दरवाजे बंद कर अंदर कैद हो जाते रहे है। वह बीहड़ में अपना आतंक व्याप्त करना चाह रही थी।

मोहब्बत से अपराध तक की कहानी

साधना पटेल उत्तरप्रदेश के भरतकूप चौकी क्षेत्र के रामपुर पालदेव गांव के बगहिया भड़हा पुरवा की रहने वाली थी | साधना पटेल उर्फ बेलनी कम समय में ही दस्यु सुंदरी बन बैठी। कुख्यात डकैत चुन्नीलाल पटेल से इसकी बुआ के घनिष्ट संबंध थे। वर्ष 2015-16 में साधना अपने मुंह बोले रिस्तेदार के साथ अपना घरबार छोड़कर भाग गई थी। बाद में अनबन होने पर वापस चली आई। घर वापस लौटने के बाद समाज के दबाव में आकर उसकी माँ ने उसे घर में रहने नहीं दिया पर उसे रिश्ते की बुआ के सरंक्षण में रहने के लिए भेज दिया |बुआ ने उसे डकैत नवल धोबी को बेंच दिया | डकैत नवल धोबी के संपर्क में आकर वह गैंग की सक्रिय सदस्य बनी। साधना पटेल प्रारंभ से ही महत्वाकांक्षी किस्म की थी। वह पूरे गिरोह में अपना आधिपत्य कर इलाके में अपना आतंक स्थापित करना चाहती थी। इसी बीच नवल धोबी व उसके गैंग के कई सदस्य पुलिस के हाथ लग गए। इनके जेल जाने के बाद साधना ने गैंग की कमान संभाली और खुद सरदार बन बैठी। उसके गैंग में

दीपक शिवहरे, रवि उर्फ रिंकू शिवहरे, छोटू उर्फ ज्ञानेन्द्र पटेल आदि शामिल हो गए। साधना पटेल ने गैंग के साथ ज्यादातर एमपी क्षेत्र में सड़क निर्माण, तेंदू पत्ता की तोड़ाई कराने वाले ठेकेदारों आदि से रंगदारी वसूलने में जुट गई।

उसने वर्ष 2018 में गिरोह के साथ मिलकर राहगीरों व आम लोगों के साथ मारपीट व लूट की कई वारदातों को अंजाम दिया। वर्ष 2018 में दस्यु सुंदरी ने नयागांव थाना के पालदेव से छोटकू सेन का अपहरण कर सनसनी फैला दी। फिरौती के लिए छोटकू के हाथ की अंगुलियां काट दी थी। इस घटना में उसके खिलाफ पहला मामला दर्ज हुआ था। भरतकूप चौकी व फतेहपुर थाना क्षेत्र में कई वारदातें की। इसके बाद पथरा पालदेव गांव से छोटेलाल सेन का उसने अपहरण कर फिरोती मांगी थी। इस तरह से उसने धर्मनगरी चित्रकूट से लेकर भरतकूप चौकी क्षेत्र की सीमा से सटे दोनों प्रांतों के गांवों में वारदातों को अंजाम दिया।

पुलिस के मुताबिक साधना पटेल शुरू से ही स्वच्छंद स्वभाव की रही है। उसके गांव में डकैतों का आना-जाना बना रहता था, पिता की मौत के बाद उसकी मां और पुलिस मुठभेड़ में मारे गए 85 हजार के इनामी डकैत चुन्नीलाल पटेल के घनिष्ठ सम्बन्ध बन गए थे। लगभग 2 साल पहले साधना की नजदीकी सेजवार गांव के डकैत नवल धोबी से बढ़ गई, पर तब वह सीधे तौर पर जंगल में नहीं उतरी थी। गैंग की कमान संभालने के बाद नवल अक्सर उसे अपने साथ रखता था पर वारदात के दौरान घर भेज देता था, लेकिन जब पुलिस ने गैंग लीडर को सलाखों के पीछे भेज दिया तो उसके इशारे पर गैंग के बचे सदस्यों दीपक व रावेन्द्र को उकसाकर तराई में फिर सक्रिय कर दिया।

साधना गैंग ने अगस्त 2018 में भरतकूप के मुकुंदपुर गांव में बाइक सवार दुकानदारों को रोककर पीटा था। सितंबर में भगनपुर गांव के बाहर कुछ राहगीरों को पीटकर नगदी लूटी। मानपुर के पास दो बाइक सवार को रोककर पीटा था। अक्टूबर में ठर्री गांव के एक युवक को अगवा कर नगदी ली थी। इसी माह में रजौला गांव के पास राहगीरों को पीट कर लूटपाट की थी।

मां ने छोड़ा गांव

10 हजार की इनामी हो चुकी दस्यु सुन्दरी साधना पटेल की कुंडली खगालने पुलिस टीम बगहियापुरवा पहुंची तो ज्ञात हुआ कि उसकी मां गांव छोडकर जा चुकी है। परिवार में 5 चाचा हैं, जिन्होंने साधना से किसी प्रकार का संबंध ना होने की बात कहकर पल्ला झाड़ लिया। इस बात ने पुलिस की भी चिंता बढ़ा दी | परिवार से अलग होकर महिला डकैत और खूंखार हो सकती है |दो प्रांतों की सीमा में बसे बीहड़ के गांवों में वारदातों को अंजाम देकर दहशत फैलाने वाली डकैत साधना पटेल गिरोह के ज्यादातर सदस्यों के पुलिस के हाथ लग जाने से वह कमजोर पड़ गई थी। जिससे उसका पुलिस से बचाव करना मजबूरी बन गई। एमपी पुलिस ने गैंग के आधा दर्जन इनामी सदस्यों को गिरफ्तार कर लिया था। जिनमें रवि उर्फ रिंकू शिवहरे 10 हजार, दीपक शिवहरे 10 हजार, शिवमूरत कोल 15 हजार व पांच हजार-पांच हजार के इनामी धन्नू उर्फ धनपत खैरवार, दादू सिंह उर्फ पट्टीदार सिंह आदि शामिल है। इनके पास से गैंग के असलहे भी बरामद हुए थे।

पाठा में अकेली महिला डकैत रही साधना

यूपी-एमपी से सटे पाठा के बीहड़ में अभी तक ददुआ, ठोकिया, बलखडिया, रागिया, चुन्नीलाल, चेलवा, बबुली कोल आदि खूंखार इनामी डकैत रहे है। लेकिन इन सभी के बीच साधना पटेल एक मात्र महिला डकैत के तौर पर उभरी। एमपी पुलिस ने साधना पटेल गिरोह को अंतर्राज्यीय गैंग के तौर पर सूचीबद्ध किया था। लेकिन पुलिस दबाव के चलते वह पिछले करीब एक वर्ष से बीहड़ को छोड़ कर शहर की राह पकड़ ली थी । वह दिल्ली और हरियाणा में रही।

****

|माँ के कथनानुसार साधना पटेल 18 साल की एक सधारण लडकी थी |वह सुन्दर और जिम्मेदार लडकी थी, मां मजदूरी करने जाती तो वह अपने भाई बहनो का ध्यान रखती, खाना बनाती, घर के कामो मे भी मां का हांथ बटाती थी |

वह थोडी जिद्दी मिजाज़ की भी थी ,उसको 14 साल की उम्र मे अपनी मौसेरी बहन के देवर से प्यार हो गया| उस उम्र मे जब ये समझ ही नहीं थी की प्यार शादी क्या होती है ,घर वालों के मना करने के बाद भी साधना उस लड़के के साथ भाग गई| ये बात गांव के लोगों को पता चली तो मां को ताने देने लगे | साधना को घर मे न रखने का निर्णय समाज के ठेकेदारों ने तय किया |

मां पहले से ही अपने चार बच्चों को किसी तरह पाल रही थी साधना के पिता बहुत पहले ही मर चुके थे | एक तरफ समाज का डर था तो दूसरी तरफ माँ की ममता थी | साधना की मां ने परिवार मे चर्चा करके साधना को उसके रिश्ते की बुआ के यहाँ रखने का फैसला किया और साधना को उस बुआ के सरंक्षण में रहने के लिए भेज दिया | कुछ दिनों बाद पता चला कि बुआ ने साधना को नवल धोबी नाम के डकैत को बेच दिया |तीन महीने बाद डाकू नवल धोबी ने पुलिस के सामने आत्मसमर्पण कर दिया |

साधना वहां से बच कर फिर गांव वापस आती है और गांव वाले उसे फिर रहने नहीं देते मां ने भी सामाजिक दबाव मे आकर बेटी को घर से भगा दिया | अब साधना कहाँ जाती ?

फिर वो कहीं दिल्ली और हरियाणा में रही , होटल मे काम किया उसी बीच एक लड़के ने उससे शादी करने का प्रस्ताव रखा और साधना ने घर वालो की सलाह पर उस लड़के से शादी भी कर ली |लेकिन उन तीन महिनो मे जो उसने जंगल मे काटे उस समय तक उसके उपर कई आपराधिक मामले पुलिस रिकॉर्ड में दर्ज हो चुके थे | उसका अतीत उसका पीछा नहीं छोड़ रहा था |वह अपनी शादीशुदा जिन्दगी ठीक से नहीं गुजार पा रही थी |कभी दिल्ली,कभी और कहीं इधर उधर छुपती फिरती भागती रही | एक साल से वह अपने ससुराल मे अपने पति के साथ मऊरानीपुर मे रह रही थी | तभी मध्यप्रदेश की पुलिस ने छापा मार कर उसे उसके घर से गिरफ्तार कर लिया | उस वक्त उसके पेट में 6 महीने का बच्चा भी था | पुलिस ने अपनी रिपोर्ट में दिखाया कि उसे जंगल से पकड़ा है | इस तरह एक लड़की लुटेरे डाकू की हैवानियत का शिकार हुई , समाज से व परिवार से बहिष्कृत हुई | इसके बावजूद भी वह

हिम्मत नहीं हारी| सुखमय पारिवारिक जीवन जीने की उद्दाम इच्छा उसमें थी | पर अंततः वह पुलिस के चंगुल से बच न सकी और नवंबर 2019 में उसे जेल जाना पड़ा |

सवाल यह है कि एक लड़की की इस तरह बर्बादी का जिम्मेदार कौन है ? उसका परिवार, या रूढ़ीवादी समाज, या सरकार की सामाजिक न्याय और कानून व्यवस्था जिसमें गरीब और असहाय लोगों को आसानी से शिकार बनाया जा सकता है | यह नारी अस्मिता का प्रश्न आज भी अनुत्तरित है !

13

दस्यु सुन्दरी शीला गुर्जर

13 की उम्र में शादी, दबंगों ने मन बहलाया तो बदला के लिए उठाई बंदूक, दस्यु सुंदरी शीला की जिंदगी में अभी भी तूफान

चंबल की पूर्व दस्यु सुंदरी शीला की कहानी काफी खौफनाक है। 1999 में जेल से बरी होने के बाद भी उसकी जिंदगी में तूफान है। शीला की शादी 13 साल की उम्र में हो गई थी। उसके बाद ससुराल के दबंगों की नजर उस पर पड़ गई है और उसे दूसरे दबंग और डकैतों के हवाले कर दिया।

चंबल के बीहड़ों की इस महिला डकैत शीला से मिलने खुद फूलन देवी ग्वालियर जेल में पहुंची थी। इस महिला डकैत का रुतबा इतना था कि फूलन देवी ने उसे हवा के लिए पंखा और मनोरंजन के लिए टीवी भेंट की थी। शीला नाम की महिला डकैत जो कभी चंबल के बीहड़ों में सक्रिय थी, आज वह अपनों से, इस समाज से और सिस्टम से परेशान होकर

अपना दर्द बयां करते नहीं थकती है। शीला की दर्द भरी कहानी उसके किशोरावस्था से ही शुरू हो गई थी।

महज 13 साल की उम्र में शीला के कंधों पर ससुराल का बोझ लाद दिया गया। उत्तर प्रदेश के जवासा गांव में जन्मी शीला, जब पिपरी गांव में ब्याह कर गई तो उसे शादी के मायने भी नहीं मालूम थे लेकिन जब घर गृहस्थी का बोझ आया तो परिवार की गाड़ी चल निकली। शीला ने अपने पारिवारिक दायित्व का बेहतर ढंग से निर्वहन किया। सब कुछ ठीकठाक चल ही रहा था, तभी गांव के ही एक दबंग की नजर शीला पर पड़ गई।

शीला को जबरदस्ती उठा लिया

पूर्व दस्यु सुंदरी शीला ने बताया कि प्रकाश नाम के दबंग ने शीला को जबरदस्ती उठा लिया और नजदीक के ही गांव के रुस्तम सिंह के हवाले कर दिया। रुस्तम सिंह ने शीला को जबरन अपने पास बंधक बनाकर रखा और उसके साथ बलात्कार करता रहा । सात दिन रुस्तम सिंह के चंगुल में रहने के बाद शीला को छोड़ दिया गया लेकिन उसकी जिंदगी बद से बदतर हो गई थी। दबंगों का जब भी मन होता था तो वह शीला को उठाकर ले जाते थे और उसका बलात्कार करते थे |

हद तो तब हो गई जब एक दिन दबंगों ने शीला को डकैत तिलक सिंह के हवाले कर दिया । उस समय बीहड़ों में डकैत तिलक सिंह का खौफ था। डकैतों के गिरोह में फंसकर शीला ने भी उसे अपनी तकदीर मान लिया और डकैत गिरोह के साथ रहने लगी। शीला ने मन बना लिया था कि मौका मिला तो जिन लोगों ने उसकी जिंदगी बर्बाद की है, उनसे वह अपना बदला जरूर लेगी। किस्मत ने शीला का साथ नहीं दिया और डकैत तिलक सिंह गिरोह की घेराबंदी करते हुए पुलिस ने एनकाउंटर कर दिया। इस एनकाउंटर में तिलक सिंह समेत गिरोह के अन्य डकैत मारे गए।

जेल में मिलने फूलन देवी पहुंची

अपने साथियों की मौत के बाद जान बचाकर शीला पुलिस के सामने समर्पण करने पहुंच गई। जहां से शीला को कोर्ट में पेश करने के बाद

ग्वालियर जेल भेज दिया गया। यहां ग्वालियर जेल में शीला से मिलने के लिए फूलन देवी पहुंची थी। यह वही फूलन देवी थी जिसकी चंबल के बीहड़ों में तूती बोला करती थी।

जेल में अपनी सजा काटने के बाद शीला बाहर आई तो समाज में उसे मान सम्मान नहीं मिल सका। शीला ने अपनी जिंदगी फिर से शुरू करने की ठानी और कल्ली गुर्जर नाम के एक शख्स से शादी भी कर ली लेकिन पति भी उसे परेशान करने लगा। अपनी परेशानी शीला पुलिस को बताती तो पुलिस भी उसकी सुनवाई नहीं करती। शीला की दर्द की दास्तान यहीं नहीं रुकती है।

शीला बताती है कि उसका अतीत आज भी उसके सामने आकर खड़ा हो जाता है। यही वजह है कि पुलिस अब भी शीला को परेशान करती है। शीला अब भी यह समझ नहीं पा रही है कि समाज की मुख्यधारा में आकर भी भला उसे चैन का जीवन जीने का मौका क्यों नहीं मिल पा रहा है ?

14

दस्यु सुन्दरी सरला जाटव

11 साल की उम्र में हो गई थी किडनैप

दस्यु सुंदरी और कुख्यात डकैत निर्भय सिंह गुज्जर की दूसरी पत्नी नीलम गुप्ता ने 31 जुलाई 2004 को निर्भय के मुंहबोले बेटे श्याम जाटव के साथ सरेंडर किया था। उसने श्याम जाटव की पत्नी सरला जाटव के बारे में कई बातें शेयर कीं। **जानें कौन थी सरला जाटव...**

नीलम के मुताबिक, सरला जाटव दस्यु सरगना निर्भय सिंह गुर्जर की पहली पत्नी बसंती की भतीजी थी। निर्भय ने साल 1994 में बसंती से शादी की थी, लेकिन वो मौका पाकर फरार हो गई। निर्भय उसे तलाश रहा था और साल 1999 में बसंती को ढूंढकर उसकी और उसके भाई की हत्या कर दी। इसके बाद बसंती के भाई की 11 साल की बेटी सरला जाटव को अपने साथ चंबल उठा लाया।

निर्भय ने अपहरण करके लाए गए अपने मुंह बोले बेटे श्याम जाटव के साथ 13 साल की सरला की शादी करा दी। तब से सरला दस्यु सुंदरी के रूप में पूरे चंबल में मशहूर हो गई।

महंगी जींस और ब्रांडेड चश्मे थे सरला के शौक

कम उम्र की सरला बंदूक की कारतूस को कमर में लगाकर घूमती थी। शुरुआत में वो काफी परेशान रहती थी, लेकिन बाद में वहां के नियम-कानून को उसने मजबूरी में स्वीकार कर लिया।जब निर्भय ने उसकी शादी श्याम जाटव से करा दी, तब उसका भी चंबल में बोलबाला हो गया। कुछ घटनाओं में उसका नाम आते ही पुलिस की लिस्ट में वो भी वॉन्टेड हो गई।

सरला ब्रांडेड चश्मे और जींस-टीशर्ट की काफी शौकीन थी। इसके आलावा खाकी वर्दी, डार्क **लिपिस्टिक**, माथे पर बिंदी और हाथों में चूड़ियां पहनना भी उसे पसंद था।

खतरनाक हथियार भी सरला रखती थी अपने पास

धीरे-धीरे सरला बीहड़ के तौर तरीकों के अनुसार ढल गई थी। वो अब खतरनाक हथियार भी अपने पास रखने लगी थी। मीडिया में अक्सर उसकी फोटो AK-47 जैसे हथियारों के साथ वायरल होती थी।कभी-कभी मीडिया भी बीहड़ में आ जाती थी। सरला ही मीडिया को बुलाती थी और हथियारों से लैस होकर फोटो-वीडियो बनवाती थी।

निर्भय का था सरला से संबंध

उस समय डकैतों के खिलाफ चले ऑपरेशन का हिस्सा रहे एक पुलिस अधिकारी के अनुसार सरला ने बीहड़ के माहौल को इस तरह एडॉप्ट कर लिया था कि वो निर्भय गैंग को लीड भी कर लेती थी। निर्भय जब बाहर होता था, तो सरला ही गैंग संभालती थी।सरला की शादी भले ही श्याम से हुई हो, लेकिन निर्भय ने उससे भी संबंध बना लिए थे। वो सरला पर सबसे अधिक भरोसा करता था। यहीं कारण था कि सारे डकैत सरला को अपना लीडर मानते थे।

कई मामलों में हो चुकी है सरला को सजा

सरला जाटव को कई अलग-अलग मामलों में सजा सुनाई जा चुकी है। साल 2004 में सरला ने पुलिस के सामने सरेंडर कर दिया था। तब उसे इटावा जेल की महिला बैरक में रखा गया था। सरला को इसी साल जनवरी में पुलिस मुठभेड़ के एक 12 साल पुराने मामले में पांच साल की सजा और आठ हजार रूपए जुर्माने की सजा जनवरी 2017 में सुनाई गई थी।

सरला जाटव भी एक डकैत के अत्याचारों का शिकार हुई | उसने जीने की जद्दोजहद में डकैतों की जीवन शैली को अपना लिया और एक सामान्य लड़की से डकैत बन गई | यदि वह न अपनाती तो करती क्या ? डकैतों के चंगुल से बचना एक लड़की के लिए मौत को दावत देने के बराबर था | अपने अस्तित्व को बचाने के लिए सरला जाटव अपराध के दलदल में धँसती चली गई | कानून अपराध का कारण नहीं देखता वह सिर्फ अपराध का कृत्य देखता है | इसी कृत्य की सजा सरला जाटव को मिल चुकी है |

15

लेडी डॉन सुमता बिश्नोई

सन 2016 -तस्करी के कारोबार से बनी लेडी डॉन सुमता विश्नोई से पुलिस ने कड़ी पूछताछ की इस सबके बावजूद उसके के तेवर ढीले नहीं हुए | पुलिस ने लेडी डॉन सुमता विश्नोई को उसके सभी साथियो के साथ एडीपीएस कोर्ट में पेश किया जंहा कोर्ट ने उन्हें पुलिस हिरासत में भेज दिया |

सुमता महज चौथी कक्षा तक पढ़ी थी | जब वह जोधपुर अपने पति के साथ आई थी तो उसके पास महज एक सन्दूक और चारपाई थी |सुमता ने चन्द बरस में ही अफीम, डोडा पोस्त और शराब के अवैध कारोबार का सामाज्य खड़ा कर लिया|

घूंघट रहने वाली लेडी तस्कर का घर देखकर पुलिस के उडे गए होश

सुमता अपने पति को छोड़ प्रेमी के साथ आलीशान बंगले में रहने लगी थी | ड्रग कारोबार बड़े पैमाने पर करने लगी थी |जब प्रेमी को तस्करी के आरोप में जेल हुई तो उसने उसका ये बिजनेस संभाल लिया और देखते ही देखते डॉन बन गई| हमेशा मारवाड़ी पहनावे में घूंघट में रहने वाली इस महिला के घर में जब पुलिस घुसी तो वहां उसकी ऐसोआराम वाली जीवन शैली देखकर तो पुलिस के भी होश उड गए |

समता विश्नोई की डॉन बनने की कहानी किसी फिल्म से कम नही है| वह महज 37 साल की उम्र में डॉन बन चुकी थी |सुमता जोधपुर जिले के ओसियां के बाना का बास गांव की रहने वाली है जिसका पति ड्राइवर था और काम के सिलसिले में ज्यादातर दक्षिण भारत में ही रहता था |पति की गैरमौजूदगी में सुमता सांचौर कस्बे के शराब तस्कर राजू ईराम के संपर्क में आ गई| राजू से संबंध बनने के बाद उसने अपने पति को छोड़ दिया और अपने प्रेमी के साथ मिलकर अवैध शराब के कारोबार में लग गई |जब वह जोधपुर शहर में आई तो उसके पास मात्र एक छोटी सी सन्दूक थी | उसने राजू से तस्करी के दांवपेंच सीखना शुरू कर दिया| समता का प्रेमी ईरोम राजू तस्करी के आरोप में अधिकतर समय जेल में रहता था |उसकी अनुपस्थिति में समता ही अवैध शराब के कारोबार देखती थी| राजू की पत्नी का कहना था कि सुमता ने ही उसके पति राजू को अपनी खूबसूरती के बल पर प्यार के जाल में फँसाया था और उसे दो बार जेल भिजवाया | वो उसके लिए जेल में खाना भी लेकर जाती थी तो राजू को लगता था कि वो उसे प्यार करती है | वहीं दूसरी ओर पुलिस को सूचना देकर उसे जेल भेजती रही पर राजू तो उसके प्यार में पागल था | उसे यकीन ही नहीं होता था कि उसकी प्रेमिका सुमत उसके साथ दोहरा खेल खेल रही है |

राजू जब जेल में होता था तो वही उसके अवैध शराब के धंधे को संभालती थी और धीरे – धीरे उसने राजू के पूरे कारोबार पर अपना शिकंजा कस लिया| जब सरकार ने पूरे मारवाड़ में डोडा पोस्त की सरकारी दुकानों पर प्रतिबंध लगाया तब डोडा पोस्त की मांग में तेजी आ गई और इसके इसके दामों में उछाल आ गया जिसका सबसे अधिक फायदा सुमता ने उठाया और अपने कारोबार का दायरा बढ़ा दिया |अफीम और डोडा पोस्त की तस्करी के नए कारोबार की शुरूआत कर दिया| इस काम के लिए उसने राजू के गिरोह का जमकर इस्तेमाल किया| देखते ही देखते तस्करी की दुनिया की सुल्ताना बन बैठी| सिर्फ तीन सालों में ही सुमता करोडों की मालकिन बन बैठी और इन पैसों के दम पर उसने शहर में तीन-चार जगह आलीशान मकान खरीदे | खुद के रहने के लिए उसने तीन मंजिला शानदार हवेली खरीदी| फॉरच्यूनर व

आडी जैसी कारे खरीदी| पुलिस भी उसके रहन-सहन के तरीके देखकर हैरान हो गई| प्रारंभिक जानकारी में सुमता के अवैध कारोबार का सालाना टर्न ओवर करोड़ों में पाया गया |

कैसे हुआ खुलासा

पुलिस ने कुछ दिन पहले जीपीएस से लैस एक फॉर्च्यूनर गाड़ी में डोडा-पोस्त के साथ कुछ तस्करों को पकड़ा था| पुलिस ने जब इनसे पूछताछ की तब सुमता का नाम अफीम और डोडा-पोस्त की तस्करी का नेटवर्क चलाने वाली रूप में सामने आया| इस खबर के बाद पुलिस अफसरों ने इस महिला के पार्श्वनाथ सिटी में बने मकान पर दबिश दी तब यह लेडी डॉन अपने बेडरूम में बनाए जीपीएस कंट्रोल रूम से ही तस्करी का पूरा नेटवर्क चलाती हुई रंगे हाथों मिली।

इतने बड़े नेटवर्क का खुलासा होने के बाद पुलिस कमिश्नर अशोक राठौड़ खुद मौके पर पहुंचे| पुलिस ने 35 वर्षीय महिला सुमता उर्फ सुनीता विश्नोई और उसके सहयोगी प्रदीप विश्नोई को 78 ग्राम अफीम और 4.20 लाख रुपए की राशि के साथ गिरफ्तार कर लिया। पुलिस ने महिला के घर से स्कॉर्पियो, इंडिगो और वरना कार के साथ नोट गिनने की मशीन भी बरामद की | इसके अलावा फर्जी आईडी कार्ड, ड्राइविंग लाइसेंस व नंबर प्लेट्स, आरसी, भूखंडों के दस्तावेज, कंप्यूटर आदि भी जब्त किए गए| देर रात तक पुलिस इस लेडी डॉन के पार्टनर राजू ईरोम विश्नोई की तलाश में लगी रही।

संभाग के जोधपुर व बाड़मेर जिले में मादक पदार्थों की तस्करी का नेटवर्क खड़ा करने वाली महिला तस्कर सुमता बिश्नोई की मुश्किलें बढ़ती गई ।लेडी डॉन का फर्जी सिमों से चलता था तस्करी नेटवर्क |कानून के शिकंजे से बचने के लिए उसने जो तरीके आजमाए थे, उन्हीं के दलदल में वह फंसती गई |तस्करी के साथ ही फर्जी तरीके से दस्तावेज प्राप्त कर मोबाइल सिम प्राप्त करने और तस्करी में काम लेने के संबंध में उसके खिलाफ चार मामले दर्ज हो चुके हैं।

गौरतलब है कि सुमता ने डोडा-पोस्त तस्करी से हुए मुनाफे से ही करीब पांच करोड़ खर्च कर यह बंगला बनाया था। इस बंगले में अपने दो बच्चों व ससुर के साथ एक मंजिल पर रहती थी । लेकिन उसने बंगले

में बने दो दर्जन से ज्यादा कमरों को सजाने पर खूब पैसा खर्च किया। सुमता ने अपने बेडरूम के बाथरूम में पांच लाख का बाथटब लगा रखा है, जिसके साथ हर बाथरूम में एयर कंडीशनर भी लगा है। बंगले की तीन मंजिल में कोई नहीं रहता, फिर भी हर मंजिल पर फ्रिज से लेकर वॉशिंग मशीन, एलईडी और राशन तक जरूरत से ज्यादा चीजें जमा थी । उसके पास चार फीट ऊंची तिजोरी थी, जहां से पुलिस ने चार लाख 20 हजार रुपए बरामद किए थे। एक फ्लोर पर तो किराने और खाने-पीने का सामान मॉल की तरह भरा था ताकि साल-दो साल बाजार जाने की जरूरत ही ना पड़े। सरकार के डोडा पोस्त पर रोक लगाने के बाद सुमता को डोडा पोस्त की तस्करी से हर महीने 45 लाख से ज्यादा का मुनाफा होने लगा था। वहीं बंगले पर रुपए गिनने के लिए मशीन लगा रखी थी।

80 लाख की 6 लग्जरी कारें

पुलिस ने डोडा पोस्त से भरी लग्जरी कार फॉरच्यूनर और इनोवा पकड़ने के बाद सुमता के घर पर दबिश दी थी। वहां से स्कॉर्पियो, वरना, स्विफ्ट डिजायर और इंडिगो कार भी मिली। जिनकी कीमत 80 लाख रुपए बताई जाती है।

घूंघट की आंड़ से 100 करोड़ का काला कारोबार, सुनने में भले ही अजीब लग रहा हो लेकिन हकीकत यही है। जोधपुर से आई इस खबर ने उस समय पुलिस के होश फाख्ता कर दिए जब उन्हें पता चला कि एक सीधी-साधी सी दिखने वाली औरत इलाके की लेडी डॉन है।

सुमता बिश्नोई नाम की औरत कितनी खतरनाक है इसका अंदाजा इसी बात से लगाया जा सकता है कि जितने भी गैर कानूनी धंधे हो सकते हैं, वो सब कुछ इसके इशारे पर ही होते थे। दिखने में साधारण इस महिला के काम इतने टेढ़े हैं कि खुद पुलिस का भी सिर चकरा गया ।कोर्ट में पेशी के दौरान उसने एक पत्रकार को भी धमकाया कि वह उन्हे देख लेगी जो उसके बारे में बढ़ा चढ़ा कर झूठी खबरें छापते हैं |

खुलासे में बात सामने आई कि अपने आशिक का काम संभालने की वजह से सुमता एक आम औरत से लेडी डॉन बन गई। आजाद ख्याल

और ऐशो आराम की जिंदगी जीने की तलबगार सुमता ने अपनी ड्राइवर पति को छोड़ कर शराब तस्कर राजू ईराम का हाथ थाम लिया।

देखते ही देखते वो उसके गैरकानूनी धंधे को भी संभालने लगी। उधर राजू अक्सर जेल में रहता था। लिहाजा समता ने उसका सारा कारोबार अपने हाथ में ले लिया और उसे करोड़ों के कारोबार में तब्दील कर दिया। सबसे दिलचस्प पहलू ये है कि इसके किसी भी धंधे की भनक पड़ोसी तक को नहीं हो सकी।

सुमता ने शहर में तीन-चार जगह आलीशान मकान खरीदे। उसके पास लग्जरी गाड़ियों का पूरा काफिला है। पुलिस का कहना था कि उसके धंधे की सालाना कमाई 100 करोड़ से भी ज्यादा हो सकती है।

सुमता कितनी शातिर है उसका अंदाजा उसकी गाड़ियों को देखकर लगाया जा सकता है जिन पर लगे जीपीएस सिस्टम से वो पूरी गैंग पर नजर रखती थी। ये और बात है कि इसी जीपीएस सिस्टम ने पुलिस को सुमता तक पहुंचाया।

गैंगस्टर की पत्नी ने लेडी डॉन को सिखाया सबक, ऐसा बदला लिया कि...

जोधपुर की एक साधारण दिखने वाली महिला सुमता बिश्नोई ने पहले शराब तस्कर से इश्क लड़ाया फिर उसके कारोबार में पार्टनर बन गई। अपने आशिक का काम संभालने की वजह से सुमता एक आम औरत से लेडी डॉन बन गई। लेकिन, उसकी ये हरकत शराब तस्कर राजू की पत्नी सोहनी को नागवार गुजरी और उसने समता को अपने पति से अलग करने की ठान ली।

सोहनी ने पहले पति को लेडी डॉन के प्रेमजाल से निकाला और फिर समता को जेल पहुंचाकर अपना बदला पूरा किया। कहानी पश्चिम

राजस्थान की है जहां आजाद ख्याल और ऐशो आराम की जिंदगी जीने की तलबगार सुमता ने अपने ड्राइवर पति को छोड़कर शराब तस्कर राजू ईराम का हाथ थाम लिया। न केवल हाथ थामा बल्कि, सुमता ने राजू का अवैध कारोबार भी संभाला। अक्सर घूंघट में रहने वाली महिला डॉन सुमता राजस्थान में शराब तस्करी का सबसे बड़ा गैंग चलाती थी । शराब माफिया उसके नाम से कांपते थे । लेकिन ये लेडी डॉन अंततः पुलिस के हत्थे चढ़ गई।

जोधपुर समेत कई शहरो में आलीशान कोठियों की मालकिन सुमता को उसके ही प्रेमी और पूर्व गैंगस्टर की पत्नी सोहनी ने जेल की सलाखों के पीछे पहुंचाया। सोहनी का रसूख भी कम नहीं है। वो जालोर जिले के कूका ग्राम पंचायत की सरपंच हैं। राजू सुमता के जादू में ऐसे फंसा कि शराब तस्करी की गैंग में उसे भी शामिल कर लिया। सुमता शराब तस्करी के कारोबार में उसकी पार्टनर बन गई। इधर, सुमता के मोहजाल में अपने पति राजू ईराम के फंसने से उसकी पत्नी सोहनी परेशान थी। सोहनी को तब और झटका लगा जब सुमता पति के धंधे में साझेदार बन गई। हालात ऐसे पलटे कि राजू शराब तस्करी के धंधे में दो बार जेल गया।

सोहनी को शक था कि उसे सुमता ने जेल भिजवाया। इधर सुमता अब अकेली इस धंधे की डॉन बन चुकी थी और उसका प्रेमी राजू एक गुर्गा। सोहनी ने पति राजू को यकीन दिलाया कि बर्बादी के पीछे सुमता ही है। फिर सोहनी ने पति को पहले सुमता के दिल से अलग किया और फिर धंधे से।

सोहनी ने पति को जालौर में ही नमकीन की फैक्ट्री खुलवाई। खुद सरपंच का चुनाव लड़ी और सरपंच बन गई। करवाचौथ पर सोहनी खुश थी कि पति को न केवल संघर्ष से वापस पाया बल्कि, दलदल से भी बाहर निकाला। इतना ही नहीं सोहनी ने ही सुमता पर निगरानी रखकर उसे जेल भिजवाकर बदला भी पूरा किया।

16

नारी की पवित्रता

पति को खो चुकी नारी , इत्र की वो खुली बोतल है, जो खुशबू से भले घर के मर्दों को भी भटका दे |

चीन में तब मिंग साम्राज्य का दौर था। 1400 ईसवी का वो वक्त, जब चीनी मसालों से लेकर इत्र की खुशबू दुनिया को मदहोश कर रही थी। पैसे बरस रहे थे। घर महलों में बदल रहे थे। कुल मिलाकर, सब कुछ आगे बढ़ रहा था। सिवाय औरतों के। स्त्री-शरीर की पवित्रता पर उन दिनों भारी जोर था। पुरुष जहरीली चाय पीकर एकबारगी बच जाए, लेकिन मिलावटी स्त्री पाकर उसकी मौत तय है। तो स्त्री की शुद्धता की जांच के दसियों तरीके खोज निकाले गए। कैसे पता करें कि आपकी प्रेमिका या भावी पत्नी अनछुई है।

उन्हीं दिनों चीनी भाषा में एक किताब आई- Za Shi Mi Zhong, यानी रहस्यों की तह तक कैसे पहुंचे। रहस्य यानी स्त्री का शरीर। इसे अंतरिक्ष से भी ज्यादा रहस्यमयी और खौफनाक माना गया। इस भेद को खोलने के लिए एड़ी-चोटी का जोर लगा दिया गया। चलिए, पवित्रता का पता लग गया। अब ये कैसे तय हो कि शादीशुदा स्त्री पति के लिए वफादार है! या फिर विधवा स्त्री अपनी वर्जिनिटी खो चुकने का फायदा नहीं उठा रही! इसे रोकने के भी तरीके ढूंढ निकाले गए।

रेशम-मसाले बेचने के लिए घूमते व्यापारियों ने दुनिया के ओने-कोने खंगालकर चेस्टिटी बेल्ट खोज डाली। ये धातु की वो बेल्ट थी, जो स्त्रियों की देह के निचले हिस्से को ताले में बंद रखती। मोटी भाषा में कहें तो लोहे का बना अंतर्वस्त्र, जिसपर ताला लगा होता। इसकी एक चाभी भी होती। महिला अगर शादीशुदा हो तो ये चाबी पति के पास होती। सैर पर या लंबी यात्रा पर निकला पति अपनी स्त्री पर ताला मढ़कर जाता ताकि वो उसके लौटने तक पवित्र बनी रह सके। विधवाओं के मामले में ये चाबी धार्मिक गुरु या महिलाओं की मुखिया के पास हुआ करती।

विधवा पवित्रता पर इतना जोर था कि मिंग साम्राज्य ने कई अवॉड्र्स बना डाले, जो उन विधवाओं को मिलते, जो पति की मौत के बाद ताउम्र बिसूरती रहें। जो स्त्री जितना ज्यादा रोएगी-कलपेगी, वो उतनी ही शुद्ध मानी जाएगी। अगर कोई खुदकुशी कर ले, तब तो और बढ़िया। उसके नामपर इनाम दिए जाते। तो हुआ ये कि उन चार सौ सालों में विधवाओं की आत्महत्या की दर तेजी से बढ़ी। पवित्रता का दबाव स्त्रियों की जान लेने लगा।

****

ये तो 1400 ईसवी का किस्सा है। अब बात करते हैं 21वीं सदी की। इन दिनों मुल्क में पत्थरबाजियों का दौर चल रहा है। इस बीच एक बेहद खूबसूरत तस्वीर आई- नाजुक ऐसी जैसे मुल्तान की लंबी सुराही। पूल के नीले पानी में एक्ट्रेस मंदिरा बेदी अपने मित्र आदित्य मोटवानी के साथ खिलखिला रही हैं। पूल है, तो जाहिर है कि दोनों ने उसी तरह के कपड़े पहने हुए हैं। तस्वीर के साथ मंदिरा ने प्यारा-सा कैप्शन भी दिया और सोशल मीडिया पर पोस्ट कर दिया। इसके बाद तो जैसे हंगामा मच गया।

ट्रोल्स हैरानी जताने लगे कि मंदिरा इतनी खुश कैसे हैं, जबकि पति की मौत को सालभर ही बीता है! गुस्सा जताने लगे कि औरतें मतलबी होती हैं, जो तुरंत ही अपने मरे हुए पति को भूल जाती है! कुछ इसी तरह की ट्रोलिंग टीवी एक्ट्रेस अंकिता लोखंडे की भी हुई थीं, जब पूर्व प्रेमी सुशांत सिंह राजपूत की मौत के बाद उन्होंने इंस्टाग्राम पर अपनी खुशरंग तस्वीरें डाली थीं। बता दें कि दोनों का अलगाव सुशांत की मौत

से 4 साल पहले हो चुका था, इसके बाद भी लोग चाहते थे उनकी मौत के बाद एक्ट्रेस सब छोड़-छाड़कर सफेद जामा पहनकर बैठ जाएं और रो-रोकर पपोटे सुजा लें।

****

नाइजीरिया का एक शहर है- इनुगु। एक वक्त पर यहां की नदियां साइंस का वो लैब हुआ करती थीं, जो स्त्रियों की पवित्रता पर ISO का ठप्पा लगातीं थी । पति की मौत के बाद विधवा को एक कमरे में बंद कर दिया जाता था और खिड़की से ही खाना-पानी दिया जाता था । तीन हफ्तों बाद उसे नदी तक ले जाया जाता, जहां सिर के बाल छीलते हुए शपथ लेनी पड़ती थी कि पति को वो पूरे मन से चाहती थी और उसकी मौत में उसकी बद्दुआओं का कोई हाथ नहीं। नदी की लहरों के ऊपर-नीचे होने से विधवा की नीयत का पता लग जाता और उसी मुताबिक उसकी सजा तय होती थी।

पति को खो चुकी स्त्री , इत्र की वो खुली बोतल है, जो हर हाल में मर्दों को रास्ते से भटकाएगी। तो ऐसी बोतल का मुंह जोर से बंद कर, उसे रसोई के सबसे कोने वाले आले में रखा जाने लगा। तरीके खोजे गए- फिर चाहे वो विधवा के सिर मूंडकर उसका मनपसंद खाना छुड़वा देना हो, या फिर तीन महीने तक घर के एक कमरे में बंद रखकर जबरन सोक मनवाना।

दूसरी तरफ बीवी को खो चुका मर्द मेले में भटके बच्चे जैसा मासूम होता है, जिसे देखकर कलेजा फट जाए। अकेला मर्द बेचारा क्या-क्या संभाले! चलिए, जैसे-तैसे दफ्तर चला भी जाए, लेकिन लौटेगा तो खाएगा क्या! संझा-बत्ती कौन करेगा! बच्चे कौन संभालेगा! और सबसे जरूरी बात- एसी कमरे में पैर डुलाकर लौटने के बाद पांवों में जो टीस उठेगी, उसपर तेल मालिश कौन करेगा! तो मां से लेकर चाचियां-मामियां-फूफियां सब की सब जुट पड़ती हैं कि भली-सी लड़की खोजकर लड़के की दोबारा शादी कर दी जाए।

साथी की मौत के बाद शादी के पैटर्न को समझने के लिए प्यू रिसर्च सेंटर ने एक सर्वे किया। साल 2014 में हुए इस सर्वे में पता चला कि पत्नी की मौत के बाद 64% से ज्यादा पुरुष दोबारा शादी कर लेते हैं, वहीं

केवल 52% महिलाएं ही दोबारा रिश्ते में जाने की सोचती हैं, वो भी काफी वक्त के बाद।

अमेरिकी लेखक डेनियल एम ऑर्टबर्ग ने अलग-अलग अखबारों के लिए लंबे समय तक रिलेशनशिप काउंसलर का काम किया। एक इंटरव्यू में वे बताते हैं कि उनके पास ऐसी स्त्रियों के खत आते थे जिन्होंने ताजा-ताजा अपने पति को खोया था। वे परेशान थीं कि पति की मौत के बाद उन्हें कोई सदमा नहीं लगा! वे समझना चाहती थीं कि साथी के जाने के बाद भी अगर उनके भीतर सजने-घूमने का चाव बाकी है, तो क्या ये उन्हें कमतर स्त्री बना देता है!

डेनियल कहते हैं- ये सवाल किसी मर्द की तरफ से कभी नहीं आया। शायद मर्द जानते हैं कि स्त्री का जाना मोटे पर्स से छुट्टा खोने से कुछ ज्यादा नहीं।

17

प्रकाशी और चन्द्रो तोमर

कौन हैं शूटर दादियां, जिन्होंने 60 उम्र के पार जाकर दागी गोलियां?

सन 2022 : उम्र 65 के पार और काम गोलियां दागना! लग रहा है ना थोड़ा अज़ीब, पर है यह सच्ची कहानी | उम्र के ऐसे पड़ाव पर जब अधिकतर लोग ख़ुद को उम्रदराज़ मानकर बहुत सारे कामों से अपना पीछा छुड़ाते हैं तब दो महिलाओं ने कुछ ऐसा कारनामा किया कि लोगों ने दांतों तले उंगलियां दबा लीं | हाल ही में आपने भूमि पेडनेकर और तापसी पन्नू स्टाटर फ़िल्म सांड की आंख का पोस्टर देखा होगा, जो काफ़ी चर्चा में रहा | यह फ़िल्म दो बुज़ुर्ग महिलाओं के संघर्ष की सच्ची कहानी पर आधारित है, लेकिन घटनाक्रम बिल्कुल फ़िल्मी है | हम ऐसा क्यों कह रहे हैं, लेख पढ़ने के बाद आपको ख़ुद ब ख़ुद पता चल जाएगा | हम बात कर रहे हैं उत्तर प्रदेश, बागपत ज़िले के जौहरी गांव की रहने वाली चंद्रो और प्रकाशी तोमर की, जो शूटर दादी के नाम से प्रसिद्ध हैं | दोनों ने लगभग 65 और 57 की उम्र से शूटिंग शुरू की और 70 की उम्र तक करती रहीं | वर्तमान में उनकी उम्र 82 और 80 साल है |

कैसे शुरू हुई शूटिंग की कहानी

65 साल की उम्र तक चंद्रो तोमर एक आम महिला थीं, जिनके ज़िम्मे घर के काम करना और बच्चे पालना था | लेकिन अपनी पोती के साथ

शूटिंग रेंज पर जाना मात्र एक संयोग ही था, जिसने उन्हें दुनिया की सबसे उम्रदराज़ महिला शूटर का तमगा दिलवा दिया | बात 1998-99 के आसपास की है जब चंद्रो तोमर शूटिंग की ट्रेनिंग दिलवाने के लिए अपनी पोती को लेकर गांव के ही शूटिंग रेंज पर पहुंचीं | चूंकि पोती की उम्र महज़ 11 साल थी, वह पिस्तौल चलाने से डर रही थी | पोती का हौसला बढ़ाने के लिए दादी चंद्रो तोमर ने पिस्तौल उठाई और निशाना लगा दिया | निशाना एकदम सधा हुआ लगा यानी दादी ने बुल्स आइ हिट कर दी | दादी के इस निशाने को सिर्फ़ एक इत्तेफ़ाक मानते हुए जोहड़ी रायफ़ल क्लब के कोच ने दादी से दोबारा निशाना लगाने को कहा | दूसरी बार भी निशाना सधा हुआ लगा | कोच ने देखा कि जिस हुनर को सीखने के लिए लोग दशकों मेहनत करते हैं दादी के पास वह सब पहले से ही मौजूद है | यानी सधे हाथ और जमी नज़रें हैं, जो निशाना लगाने के लिहाज से ज़रूरी हैं | हालांकि उसमें और निखार लाने की ज़रूरत थी तो कोच ने उन्हें ट्रेनिंग लेने की सलाह दी | घरेलू महिला होने के नाते रोज़ाना शूटिंग रेंज तक पहुंचना मुश्क़िल था इसलिए बात सप्ताह में एक दिन सीखने और सिखाने के पर तय हुई और यहीं चंद्रो तोमर का शूटर दादी बनने का सफ़र शुरू हुआ |

विरोध में भी जमाए रहीं पैर

शूटर बनने का सफ़र शुरू करके चंद्रो तोमर ने आधी जंग तो जीत ली थी, लेकिन आगे की राह बहुत मुश्क़िल थी | 65 की उम्र में जब आमतौर पर गांव की दूसरी औरतें घर के काम और अपने नाती-पोते पालतीं, चंद्रो उस उम्र में पिस्तौल चलाने और प्रतियोगिता जीतने की तैयारी करने लगीं | यह बदलाव ना उनके घर वालों को रास आ रहा था और ना ही गांव वालों को | गांव वाले उनका मजाक उड़ाते और कहते 'बुढ़िया इस उम्र मे कारगिल जाएगी क्या?' घर के बड़े और अपने पति से छुपकर चंद्रो ने अपनी ट्रेनिंग जारी रखी | इसी बीच उन्हें उनकी देवरानी प्रकाशी तोमर का साथ मिला, जो ख़ुद भी शूटिंग करना चाहती थीं | चंद्रो ने उन्हें भी अपने साथ शूटिंग रेंज पर ले गईं और प्रकाशो में भी वही गुण मिले जो चंद्रो में थे | जेठानी-देवरानी की जोड़ी जम गई और राह कुछ आसान हुई |

बच्चों ने दिया साथ

चंद्रो तोमर की पोती शेफाली के पति सुमित राठी ने बताया कि 'दादी को गांव वालों के साथ-साथ घर के बड़ों के विरोध का भी सामना करना पड़ा | लेकिन उनके बच्चों और पोते-पोतियों ने उनका साथ दिया | शुरुआती दिनों में जब वो इतनी फ़ेमस नहीं थीं तब हम उन्हें कई बहानों से शूटिंग रेंज और प्रतियोगिताओं में पहुंचाते और वापस लाते | घर के बड़े जब कहते कि क्या करना है खेल कर या मेडल को बेकार कहते तो हम उन्हें बताते कि मेडल असली सोने के हैं | इस तरह से दादी अपने खेल में आगे बढ़ीं और दुनिया को दिखा दिया कि सपने साकार करने की कोई उम्र नहीं होती है |

700 मेडल हैं दोनों के नाम

चंद्रो व प्रकाशी तोमर ने अब तक विभिन्न शूटिंग प्रतियोगिताओं में कुल लगभग 100 मेडल जीते हैं, लेकिन माना यह जाता है कि उन्होंने 700 मेडल अपने नाम किए हैं | ऐसा इसलिए भी है कि उनके सिखाए बच्चे अपने मेडल दादियों के नाम कर देते हैं | चंद्रो ने 1999 में नार्थ ज़ोन शूटिंग प्रतियोगिता जीता और तब लाइम लाइट में आईं | अब तक वो शूटिंग में कुल 25 नैशनल चैम्पियनशिप जीत चुकी हैं | वहीं प्रकाशी दादी ने तो एक शूटिंग प्रतियोगिता में दिल्ली के डीआईजी को हराकर गोल्ड मेडल जीता था | रात में जब सब सो जाते, तब चंद्रो पानी से भरा जग लेकर गन को पकड़ने, बैलेंस बनाने की घंटों प्रैक्टिस किया करती थीं |

अपना शूटिंग रेंज खोलने की तैयारी

उम्र अधिक होने के कारण अब चंद्रो तोमर प्रतियोगिताओं में हिस्सा नहीं ले पातीं, लेकिन कई शूटिंग रेंजेस में सिखाने जाती हैं | सुमित ने बताया कि लड़कियों को शूटिंग में बढ़ावा देने के लिए दादी गांव में ही एड्वांस लेवल का शूटिंग रेंज खोलने की तैयारी में हैं |

घर से आठ और गांव से 30 शूटर

5 बच्चों की मां और 15 पोते-पोतियों की दादी चंद्रो का संयुक्त परिवार है | परिवार बड़ा होने की वजह से घर की ही सात लड़कियां नैशनल लेवल की शूटर हैं, जिसमें उनकी बेटी सीमा और पोती शेफाली तो इंटरनैशनल शूटिंग प्रतियोगिता में हिस्सा ले चुकी हैं | गांव जौहरी से लगभग 30 से अधिक शूटर रजिस्टर्ड हैं | दादी युवा पीढ़ी के लिए नारी अस्मिता की मिसाल हैं |

18

लक्ष्मी अग्रवाल

कौन हैं लक्ष्मी अग्रवाल, जिनकी भूमिका दीपिका पादुकोन ने निभाया है

"उसने मेरे चेहरे को जलाया है, मेरे सपने आज भी ज़िंदा हैं,"एसिड अटैक सर्वाइवर लक्ष्मी अग्रवाल की यह बात हर किसी को सुननी और समझनी चाहिए | आमतौर पर उम्र के जिस पड़ाव पर युवा अपने सपनों को पंख दे रहे होते हैं, उस उम्र में एक लड़की अपनी ज़िंदगी के सबसे बुरे दौर से गुज़र रही थी|

'ना' करने की कीमत झुलसा हुआ चेहरा और शरीर

वर्ष 2005 में मात्र 15 वर्ष की उम्र में एक मनचले ने लड़की पर एसिड से हमला कर दिया जिसमें उसका चेहरा बुरी तरह से झुलस गया | लड़की को तथाकथित प्यार में 'ना' करने की क़ीमत चुकानी पड़ी थी | लड़की का नाम लक्ष्मी अग्रवाल है, जिसके जीवन पर फ़िल्म बनी "छपाक" |उस फिल्म में उनका किरदार दीपिका पादुकोन ने निभाया है, जिसे डायरेक्ट मेघना गुलज़ार ने किया है| फिल्म में दीपिका बिल्कुल लक्ष्मी अग्रवाल जैसी ही दिखती हैं |

लक्ष्मी का वह सपना जो पूरा नहीं हो पाया

दिल्ली के निम्न मध्यमवर्गीय परिवार में 1 जून 1990 को जन्मी लक्ष्मी डांसर व सिंगर बनना चाहती थीं | उसी दौरान एक 32 साल के आदमी को लक्ष्मी से 'प्यार' हो जाता है और वह लक्ष्मी पर शादी का दबाव बनाने

लगता है | उम्र में डिफ़रेंस होना या किसी से प्यार करना बुरी बात नहीं है, पर उसके बार-बार मना करने के बावजूद भी उसका पीछा करना यह पूरी तरह से ग़लत है | शादी या प्यार आपसी सहमति की बातें हैं, पर जब एकतरफ़ा दबाव बनाया जाए तो यह घातक साबित होता है, ऐसा ही कुछ हुआ लक्ष्मी के साथ |

लक्ष्मी के सपनों पर तेज़ाब का वार

भारत में लड़कियों को दूसरे के किए की सज़ा मिलती रही है और इसी डर ने लक्ष्मी को घर पर कुछ भी बताने से रोका कि कहीं उनके सपने उनसे छीन ना लिए जाए, उन्हें घर बैठने के लिए ना कह दिया जाए | तमाम परेशानियों का सामना करते हुए लक्ष्मी अपने सपनों को पूरा करने की जद्दोजहद कर रही थीं, कि एक दिन दिल्ली के ख़ान मार्केट में उसी आदमी ने लक्ष्मी के चेहरे पर एसिड फेंक दिया |

लक्ष्मी ने इस घटना को याद करते हुए एक साक्षात्कार में बताया था कि,'जब मेरे चेहरे पर तेज़ाब फेंका गया तब ऐसा लगा मानो किसी ने मुझे ज़िंदा जला दिया हो | मैं बेतरह चीख रही थी, तड़प रही थी | अटैक के बाद लक्ष्मी, महीनों तक अस्पताल के बिस्तर पर ही पड़े रात-दिन तड़पती रहीं और शीशे में अपना चेहरा देखने से कतराती रहीं |

एसिड अटैक के ख़िलाफ़ लक्ष्मी की मुहिम और वहीं मिला उन्हें उनका प्यार

मज़बूत हौसले वाली लक्ष्मी बार-बार प्रताड़ित होने के बाद भी अंदर से टूटी नहीं थीं | एसिड अटैक के बाद वो और भी मज़बूती से उठ खड़ी हुईं और फिर सब कुछ शुरू से शुरू किया | लक्ष्मी के लिए उस दर्द और उस शॉक को भुला पाना संभव नहीं था, लेकिन उन्होंने एसिड अटैक के ख़िलाफ़ सबसे बुलंद आवाज़ उठाई | टेड टॉक (TED TALK) में प्रेजेंटेशन दिया | अटैक के एक साल बाद लक्ष्मी ने तेज़ाब बिक्री पर बैन लगवाने के लिए कोर्ट में जनहित याचिकाएं डालीं, यह केस वर्ष 2013 तक चलता रहा और आख़िरकार सुप्रीम कोर्ट ने तेज़ाब की बिक्री पर हमेशा के लिए बैन लगाने का फैसला सुनाया | लक्ष्मी ने "स्टॉप एसिड

अटैक्स" नाम से कैम्पेन चलाया, जिसकी नींव आलोक दीक्षित और आशीष शुक्ला ने रखी थी | एसिड अटैक सर्वाइवर्स की आवाज़ बन चुकी लक्ष्मी को वर्ष 2014 में मिशेल ओबामा ने इंटरनैशनल विमेन ऑफ़ करेज अवॉर्ड से नवाज़ा था | इसी कैम्पेन के दौरान लक्ष्मी को आलोक दीक्षित से प्यार हो गया और उन्होंने लिव-इन में रहने का फैसला किया | आज उनकी एक बेटी भी है, जिसका नाम पीहू है |

दीपिका के लिए चैलेंजिंग यह टास्क

लक्ष्मी का किरादार निभाना दीपिका पादुकोन के लिए एक चैलेंजिंग टास्क था , क्योंकि बॉलिवुड में अभिनेत्रियों को ख़ूबसूरती से तौला जाता है| बात करें फ़िल्म की डायरेक्टर मेघना कि तो उनकी पिछली फ़िल्म "राज़ी" भी असल ज़िंदगी से प्रेरित थी | राज़ी एक रियल लाइफ़ इंसिडेंट पर बेस्ड नॉवेल 'कॉलिंग सहमत' पर आधारित थी | उससे पहले उनकी फ़िल्म 'तलवार' जो कि नोएडा के बहुचर्चित 'आरुषी हत्याकांड' पर आधारित थी | अपने पिछले रिकॉर्ड की ही तरह इस बार भी मेघना बॉलिवुड में एक असल घटना से प्रेरित होकर 'छपाक' फ़िल्म बनाया है |

19

तनुश्री दत्ता

तनुश्री दत्ता भारत में #metoo अभियान की पोस्टर गर्ल हैं | उनके आवाज़ उठाने के बाद इस अभियान के तहत फ़िल्मी दुनिया में एक के बाद एक खुलासे हुए | आख़िर क्या कारण था कि उन्होंने 10 साल पुराने मामले को दोबारा सुर्ख़ियों में लाने का फ़ैसला किया | फ़िल्मों से दूरी बनाने के बाद उन्होंने क्या किया? अब इस लड़ाई को कितनी दूर तक ले जाना चाहती हैं? जैसे कई सवालों के जवाब उन्होंने दिए |

आपने यह सवाल 10 साल बाद उठाने का फ़ैसला किया, कोई ख़ास वजह?

यह फ़ैसला मेरा नहीं था | मैंने तो भारत वापस आने के बारे में भी नहीं सोचा था | अमेरिका में मेरी ज़िंदगी अच्छी ख़ासी चल रही थी | मेरे इवेंट्स हुआ करते थे | मैं वहां एक भारतीय कंपनी की ब्रैंड एम्बैसेडर थी | मैं तो बस छुट्टियां मनाने और अपने परिवार से मिलने के लिए अमेरिका से इंडिया आई थी | चूंकि लंबे समय से मीडिया के साथ मेरा संपर्क लगभग टूट-सा गया था, इसलिए लोग मेरे बारे में जानने को काफ़ी उत्सुक थे | लोगों ने मेरे बारे में काफ़ी चीज़ें सुनी थीं, जिसमें कुछ सही थीं, कुछ ग़लत | कुछ लोगों को लगा था कि मैंने सन्यास ले लिया है, कुछ का मानना था कि अपनी आध्यात्मिक यात्रा के चलते मैं पहाड़ों पर सेटल हो गई हूं | मीडिया से मुलाक़ात में मैं इन्हीं कुछ सवालों के जवाब

दे रही थी | मुझे एक टीवी चैनल ने अपने इवेंट में आमंत्रित किया था | वहां मुझसे पूछा गया कि अपने देश में अभी तक #metoo मूवमेंट क्यों नहीं शुरू हुआ है? मेरा जवाब था,'कैसे होगा यहां #metoo मूवमेंट? मेरे साथ जब दुर्व्यवहार किया गया तो मुझपर ही इतने इल्ज़ाम लगाए गए, मेरी ही बेइज़्ज़ती की गई | तो आप ही बताइए यहां #metoo मूवमेंट कैसे सफल हो सकता है?' मेरा वह इंटरव्यू वायरल हो गया | इस तरह मेरी 10 साल पहले की कहानी एक बार फिर लोगों की नज़रों में आ गई | फिर पूरी मीडिया ने इसे कवर किया | आप कह सकते हैं कि पुरानी बात उठाने का मेरा कोई इरादा नहीं था, पर जो हुआ अच्छा ही हुआ | मेरा हरेसमेंट का केस था, पर उसे छोटा मत समझिए | उसकी वजह से काम मिलने के बावजूद मुझे इंडस्ट्री छोड़नी पड़ी | पर उस घटना का मेरे मस्तिष्क पर बहुत गहरा असर पड़ा था | पहले मैं आत्मविश्वास के साथ फिल्मों के सेट पर चली जाती थी | उस घटना के बाद मेरा आत्मविश्वास खत्म हो गया |

सही मायने में आपको कब लगा कि इस मामले को आगे ले जाना चाहिए?

मीडिया में मामला हाइलाइट होने के बाद लोगों ने कहना शुरू किया कि जब आपको इतनी ही शिकायत है तो एफ़आईआर क्यों नहीं करतीं? तब मैंने एफ़आईआर भी दर्ज करा दी |

उस घटना का आप पर क्या असर पड़ा था?

मेरा हरैस्मेंट का केस था, पर उसे छोटा मत समझिए | उसकी वजह से काम मिलने के बावजूद मुझे इंडस्ट्री छोड़नी पड़ी | मैं मिड बजट, छोटे बजट की फिल्मों में कर रही थी | उस लेवल पर मेरे पास बहुत ऑफ़र थे | पर उस घटना का मेरे मस्तिष्क पर बहुत गहरा असर पड़ा था | पहले मैं कॉन्फ़िडेंटली फ़िल्मों के सेट पर चली जाती थी | मेरा आत्मविश्वास ख़त्म हो गया | मेरे साथ ग़लत हुआ था, पर लोगों ने इसे विवाद के तौर पर देखा | मेरे दिमाग़ में यह बात बैठ गई कि अब जहां जाऊंगी यदि किसी बात से शिकायत होगी तो लोग बात का बतंगड़ बना देंगे | यही

सोचकर मैंने बॉलिवुड से, फ़िल्मों से दूर हो जाने का फ़ैसला किया | आप सोचिए जिन लोगों के साथ और भी गंभीर अपराध हुए हैं, मसलन किसी का रेप हुआ हो, शारीरिक शोषण हुआ हो, उनके दिमाग़ पर कितना गहरा असर पड़ता होगा!

आपके साथ घटी घटना की सबसे चौंकानेवाली बात क्या थी?

आप जब इंडस्ट्री के बाहर के होते हैं और आपका कोई ताक़तवर गॉडफ़ादर या बॉयफ्रेंड नहीं होता तो लोग आपको अलग-अलग तरीक़े से परेशान करने लगते हैं | आपको अपना हक़ लड़कर लेना पड़ता है | आपको पता होता है कि आपके साथ ऐसा होगा, पर गुंडे बुलाकर आप पर अटैक किया जा सकता है, मैं ऐसा सोच भी नहीं सकती थी | पहले तो मेरे सोलो डांस नंबर में शूटिंग के तीसरे दिन नाना पाटेकर को ज़बर्दस्ती घुसाकर उनके साथ इंटिमेट स्टेप करने कहा गया, फिर इनकार करने पर मेरे साथ दुर्व्यवहार किया गया | जब मैंने शूटिंग से मना कर दिया तब गुंडे बुलाकर मेरी गाड़ी पर अटैक किया गया, यह सबसे शॉकिंग था |

आपने एक इंटरव्यू में कहा है कि जब जीतने का तरीक़ा न पता हो तो लड़ाई छोड़ देना ही अच्छा होता है | क्या अब आप जीतने का तरीक़ा सीख गई हैं?

मुझे लगता है कि एक तरह से मुझे जीत मिल गई है | जीत के भी कई मायने होते हैं | पिछली बार मेरी सिर्फ़ हार ही हार थी, क्योंकि किसी ने मेरी बातों पर विश्वास ही नहीं किया था | उसे लोगों ने केवल एक स्कैंडल बना दिया था | पुलिस एफ़आईआर में मुख्य मुद्दा शामिल ही नहीं किया गया, इसे केवल मॉब अटैक का मामला बना दिया गया था | उल्टा मुझे ही परेशान किया गया | उस वक़्त मैंने सिंटा को भी हैंड रिटेन लेटर दिया था, पर कोई सुनवाई नहीं हुई | सिंटा और प्रोड्यूसर असोसिएशन की जॉइंट मीटिंग में मेरे ख़िलाफ़ ही आरोप लगाया गया | प्रोड्यूसर, डायरेक्टर, कोरियोग्राफ़र ने मीडिया में मेरे ख़िलाफ़ बुरा-भला कहा |

आपने उस स्थिति में ख़ुद को कैसे संभाला?

मेरे साथ कभी ऐसा कुछ नहीं हुआ था तो मैं समझ नहीं पा रही थी कि इसे कैसे डील करें | फिर मुझे आध्यात्मिक अनुभव हुआ, जिसके बाद लगा कि मुझे अपनी ज़िंदगी की दिशा बदलनी चाहिए | मैंने दक्षिण भारत में जाकर योग साधना की | बॉलिवुड में होने पर हमारी महत्वाकांक्षा टॉप स्टार बनने की होती है, पर आध्यात्म में मुक्ति और मोक्ष की बातें होती हैं | मैं भी बॉलिवुड छोड़कर इस रंग में रंग गई | फिर मेरा रुझान बौद्ध धर्म की ओर हुआ | मैं लद्दाख गई | वहां बौद्ध भिक्षुओं की तरह बाल भी मुंडाए | आगे मैंने विपश्यना सीखी | क्रिस्चन धर्म की भी जानकारी ली | मैंने किसी चीज़ को छोड़कर कोई चीज़ शुरू नहीं की थी | यह मेरी राह थी | राह में चीज़ें आती गईं और मैं सीखती गई | ज़िंदगी को अलग-अलग नज़रिए से देखने की क्षमता विकसित हुई | वर्ष 2016 में मैं अमेरिका चली गई | वहां मैंने साइंटोलॉजी सीखी | अनेक धर्मों का अनुभव लेने के बाद मैंने जाना मेरा धर्म, तुम्हारा धर्म जैसा अलगाव एक छलावा है | यह बात वही समझ सकता है, जो सभी धर्मों में गहरे गया हो| मुझे लगता है कि एक तरह से मुझे जीत मिल गई है | जीत के भी कई मायने होते हैं | पिछली बार मेरी सिर्फ हार ही हार थी , क्योंकि मेरे बातों पर किसी ने विश्वास नहीं किया था |

सुना है आपने सन्यास भी ले लिया था...

मैंने सन्यास नहीं लिया, बल्कि अलग-अलग धर्मों का अनुभव ले रही थी | शायद ईश्वर नहीं चाहते थे कि मैं सन्यास लूं | ऐसा करने पर मैं एक ही धर्म से जुड़ जाती | बाक़ी के अनुभव न ले पाती | हां, यह विचार आता था कि सन्यास ले लेना चाहिए | पर सन्यासियों का पहनावा देखकर इरादा बदल लिया |

वह घटना न घटती तो आप कहां होतीं?

मुझे लगता है कि मैं फिर भी शायद धर्मों को एक्स्प्लोर करती, क्योंकि मैंने सोलह साल की उम्र में “ऑटोबायोग्राफ़ी ऑफ़ ए योगी” पढ़ी थी, जिसने मुझे अंदर से प्रभावित किया था | और “द होली ब्लड होली ऐंड

द होली ग्रेल" नामक किताब भी पढ़ी थी | आध्यात्मक का झुकाव पहले से ही था, ऐसे में 2008 की घटना ने मुझे बॉलिवुड से पूरी तरह विरक्त कर दिया | हां, वह घटना न होती तो बॉलिवुड में मेरा अलग ही मुक़ाम होता | ख़ैर, जब लोगों को पता चल गया कि मैं फ़िल्में नहीं कर रही हूं तो मुझे अलग-अलग फ़ील्ड्स में से ऑफ़र आने लगे | प्रोडक्शन हाउस शुरू करने से लेकर राजनीति से जुड़ने, शादी और टेलीविज़न शो के भी ऑफ़र आए, जो अभी भी आ रहे हैं|

क्या अब दोबारा फ़िल्मों में आना चाहेंगी?

मुझे लगता है कि मैंने जीवन में जो कुछ सीखा है, मुझे लोगों से वह शेयर करना चाहिए | अब फ़िल्म करूंगी, ऐक्टिंग करूंगी तो किसी और के लिखे डायलॉग्स बोलने पड़ेंगे | इसमें कोई बुराई नहीं है, पर ईश्वर ने मेरे अंदर इतना कुछ डाला है कि अब और कुछ करके अपना वक़्त नहीं ज़ाया करना चाहती हूं | मैंने #metoo मूवमेंट से एक और चीज़ यह सीखी है कि मेरे शब्दों से, आवाज़ से लोगों को प्रोत्साहन मिला है | मैंने सोचा है कि क्यों न इसका इस्तेमाल करूं | मैं अब भी बदलाव लाने का रास्ता तलाश रही हूं | मैंने डिप्रेशन, दुख, अवसाद, दिल टूटना जैसी बातों का अनुभव किया है | अब उन लोगों की मदद करना चाहूंगी, जो इन मानसिक हालातों से गुज़र रहे हैं |

इस बार इंडस्ट्री के बड़े-बड़े लोगों ने सपोर्ट किया, पिछली बार किसी ने आपके लिए अवाज़ नहीं उठाई थी | यह बदलाव देखकर आपको कैसा लगा?

मैंने दस साल पहले भी वही बोला था, पर तब किसी ने मेरा साथ नहीं दिया था | सच कहूं तो जब लोगों का सपोर्ट मिलने लगा तो मुझे शुरू-शुरू में विश्वास ही नहीं हो रहा था | हां, एक चीज़ है जिन लोगों ने सपोर्ट किया, वे नई पीढ़ी के लोग हैं | यह पीढ़ी काफ़ी जागरूक है | चाहे राजनीति हो या सामाजिक मुद्दे यह पीढ़ी काफ़ी मुखर रही है | फिर जब बाक़ी लोग सामने आने लगे तो मुझे थोड़ी राहत मिली | यह ज़रूरी भी था कि दूसरों की भी कहानियां सुनी जाएं | मुझे जो बोलना था, वह बोल चुकी

थी | इस मूवमेंट का सही मायने में असर तो तभी होगा, जब सबकी बातें सुनी जाएंगी | सिर्फ़ सुनी ही नहीं, समझी और स्वीकार की जाएंगी, तभी असली बदलाव आएगा | #metoo चाहे भारत का रहा हो या पश्चिम का, यह मीडिया द्वारा आगे बढ़ा मूवमेंट है | पत्रकारों ने लड़कियों का काफ़ी हौसला बढ़ाया है | मेरी लड़ाई में सोशल मीडिया ने भी बहुत बड़ी भूमिका निभाई है | 10 साल पहले सोशल मीडिया इतना स्ट्रॉन्ग नहीं था | बहुत से लोग जो सामने आकर बोल नहीं पाते थे, उन्होंने अपने अनुभव शेयर करने के लिए सोशल मीडिया के प्लैटफ़ॉर्म को यूज़ किया है |

क्या लोगों ने सामने से फ़ोन करके भी सपोर्ट किया?

मेरा नंबर ज़्यादा लोगों के पास नहीं था | कुछ लोगों ने मेरे पीआर को फ़ोन करके अपना समर्थन जताया | मेरे लिए बड़े लोगों द्वारा सोशल मीडिया पर किया गया समर्थन ही काफ़ी था| यह मेरे लिए बड़ी बात थी | दस साल पहले उस घटना के बाद एकाध लोगों ने पर्सनली फ़ोन करके कहा था, पर पब्लिक में किसी ने सपोर्ट नहीं किया था | मेरे लिए पब्लिक में आकर सपोर्ट करना बहुत ज़रूरी था, क्योंकि मेरी बेइज़्ज़ती पब्लिक में हुई थी, तो सपोर्ट भी पब्लिक में ही मिलना चाहिए था | इस बार जब यह सब शुरू हुआ तो मम्मी-पापा थोड़ा डरे हुए थे, पर जब लोगों ने सपोर्ट करना शुरू किया तो उनका डर दूर हो गया | यह जरूरी है कि बाकी लोगों की कहानिया भी सुनी जाएँ | सही मायने में इस मूवमेंट का असर तो तभी होगा, जब सबकी बातें सुनी, समझी और स्वीकार की जाएंगी, तभी असली बदलाव आएगा |

अमिताभ बच्चन जैसे बड़े अभिनेता, जिन्होंने पिंक जैसी फ़िल्म की थी, ने कुछ नहीं कहा | आपको बुरा लगा था?

यह बहुत बड़ी विडंबना है, और इस बारे में क्या कहूं? इस बारे में आपको उनसे ही पूछना चाहिए | वे ही इसका सही जवाब दे सकते हैं | ख़ैर, हमारी इंडस्ट्री में बहुत से लोग हैं, जो जागरूकता वाली फ़िल्में करते हैं, पर जब उन्हें स्टैंड लेना होता है तो अलग ही कहानी होती है | #metoo की लहर से लोगों ने सच और छलावे का फ़र्क़ भी महसूस किया | लोगों ने देखा कि जो लोग महान-महान फ़िल्में करते हैं, असल ज़िंदगी में उतने महान

हैं नहीं | जो सच में महान होता है, उसके आचार-विचार और वचन में समानता होती है |

आपने राज ठाकरे को नालायक नेता कहा था, क्या आपको डर नहीं लगा?

उनको मेरा जो नुक़सान करना था, वह दस साल पहले कर चुके थे | एक इंसान को आप कितना डराओगे? डर की भी तो एक सीमा होती है ना | दस साल पहले न जाने कितनी धमकियां दी थीं, मोर्चे निकाले थे... इस बार भी ऐसा किया | पर मुझे कई चीज़ें चमत्कार ही लगती हैं | मैं अपने इंटरव्यूज़ देखती हूं तो लगता है कि इतनी हिम्मत कैसे आ गई मेरे अंदर! मुझे लगता है कि आध्यात्म की अपनी यात्रा से यह शक्ति मिली है| मैंने इतने लोगों को ललकारा, फिर भी आज ज़िंदा हूं तो किसी का तो हाथ है मेरे ऊपर |

मामला कोर्ट में होने पर क्या उम्मीद है?

इस बारे में क्या कह सकती हूँ | जब इसकी शुरुआत मेरी इच्छा से नहीं हुई है तो मैं इसके अंतिम परिणाम के बारे में कैसे सोच सकती हूं? मैं अपनी तरफ़ से जितना बन पड़ा वह किया अब इसका आगे क्या नतीजा होगा, सबकुछ ईश्वर पर छोड़ दिया है |

ख़ैर, हमारे देश की क़ानून व्यवस्था को बदलने की ज़रूरत है | क्योंकि यदि इतने साल तक जांच ही चलती रहेगी तो, न्याय कब होगा? न्याय तो तब होता है, जब उसका जल्दी असर हो | सोशल मीडिया के चलते अब जल्दी असर हो रहा है | जिन लोगों पर #metoo के आरोप लगे हैं, उन्हें स्टूडियोज़ ने ड्रॉप कर दिया है, कलाकारों ने उनसे दूरी बना ली है, यह भी तो एक तरह का न्याय ही है |

भारत में #metoo अभियान का क्या भविष्य देखती हैं?

देखिए यह एक कैम्पेन नहीं, जागरूकता है और जागरूकता कभी ख़त्म नहीं होती | यह एक लौ की तरह होती है | इतने इंसान हिले हैं, कुछ समय तक असर रहेगा ही | बड़े-बड़े लोगों का जिस तरह बहिष्कार हुआ

है, उसका प्रभाव लंबे समय तक रहेगा|

आप दूसरी लड़कियों को क्या सलाह देना चाहेंगी?
मैं लड़कियों से कहूंगी कि सबसे पहले ऐसी सिचुएशन से बचें, यदि सिचुएशन में पड़ ही गए हैं तो स्मार्ट तरीक़े से उसे हैंडल करें और यदि मान लीजिए कि स्थिति ख़राब हो गई है तो चुप न रहें| ज़रूर किसी न किसी को जाकर बताएं | इससे यह होगा कि यदि आपने आज से पांच साल बाद या 10 साल बाद उस घटना के बारे में बोलने का फ़ैसला किया तो कोई न कोई गवाह तो रहेगा |

20

रेशमा

रेशमा का जन्म राजस्थान के बीकानेर जिले के एक बंजारा परिवार में हुआ था |बंजारा एक ऐसी प्रजाति है जिसका कोई स्थायी ठिकाना नहीं होता | जीवनयापन के लिए उन्हे रोज एक जगह से दूसरी जगह भटकना पड़ता है | नाच गाने गाकर या खेती में काम आने वाले छोटे मोटे औजार बनाकर और बेच कर गुजारा करना पड़ता है | ऐसी ही कठिन परिस्थितियों में रेशमा पली बढ़ी थी |

सन 1947 में भारत का विभाजन हुआ| भारत-पाकिस्तान विभाजन के बाद उनका परिवार कराची जाकर बस गया। रेशमा ने संगीत की कोई औपचारिक शिक्षा नहीं ली थी और वह दरगाह पर गाती थीं। ऐसे ही, शहबाज कलंदर की दरगाह पर 12 साल की नन्हीं रेशमा को गाते सुन कर एक टीवी एवं रेडियो प्रोड्यूसर ने पाकिस्तान के सरकारी रेडियो पर चर्चित गीत 'लाल मेरी' रेशमा से गवाने की व्यवस्था की। यह गीत बेहद लोकप्रिय हुआ और रेशमा पाकिस्तान के लोकप्रिय लोक गायकों में शामिल हो गईं।

सन 1960 के दशक में रेशमा का जादू लोगों के सिर चढ़कर बोल रहा था और उन्होंने पाकिस्तानी तथा भारतीय फ़िल्म उद्योग में अपनी प्रतिभा का लोहा मनवाया। पाकिस्तानी बैंड 'लाल' के प्रमुख गायक शहराम अजहर के अनुसार , रेशमा अपने आप में एक संस्थान थीं और उनकी जैसी गायिका के जाने का मतलब एक युग का अवसान है। उनका

जाना संगीत जगत की बहुत बड़ी क्षति है। “हाय ओ रब्बा नहीं लगदा दिल मेरा और अंखियां नू रहने दे अंखियों दे कोल कोल” जैसे गीत रेशमा की रेशमी आवाज़ में सज कर मानो खुद पर इठलाते थे। उनकी आवाज़ में अलग ही तरह की कशिश थी जो उनको सबसे अलग पहचान देती थी।

प्रसिद्ध गीत

रेशमा 12 साल की उम्र में एक बार शाहबाज कलंदर की दरगाह पर गाती हुई दिखीं। रेशमा पर टीवी और रेडियो के एक प्रोड्यूसर की नज़र पड़ी। उन्होंने पाकिस्तान रेडियो पर ‘लाल मेरी’ की रिकॉर्डिंग का इंतजाम किया। रेशमा की यह रिकॉर्डिंग जबरदस्त हिट रही। वह 1960 के दशक से ही पाकिस्तान की टीवी पर गाने लगी थीं। उनकी आवाज़ में ‘दमा दम मस्त कलंदर’, ‘हाय ओ रब्बा नइयों लगदा दिल मेरा’ और ‘अंखियां नू रहण दे’ जैसे गाने लोगों की ज़ुबान पर चढ़ गए। राजकपूर ने तो फ़िल्म बॉबी में ‘अंखियां नू रहण दे’ की तर्ज का इस्तेमाल करते हुए लता मंगेशकर से ‘अंखियों को रहने दे, अंखियों के आस-पास’ गाना भी गवाया।

आर्थिक परेशानियाँ

एक दौर ऐसा भी आया जब रेशमा आर्थिक परेशानियों में घिर गईं। तब पाकिस्तान के पूर्व राष्ट्रपति और संगीत प्रेमी परवेज मुशर्रफ ने उन्हें दस लाख रुपये दिए ताकि वह अपना ऋण चुका सकें। बाद में मुशर्रफ ने रेशमा के लिए प्रति माह 10,000 रुपये की सहायता भी निर्धारित कर दी थी । रेशमा को जब 6 अप्रैल2013 को लाहौर के डॉक्टर्स हॉस्पिटल में भर्ती कराया गया था तो नजम सेठी की अगुवाई वाली तत्कालीन कार्यवाहक सरकार ने उनके चिकित्सकीय खर्च का भुगतान करने का फैसला किया था। रेशमा ने कहा था, मैं अमेरिका, कनाडा सहित कई देशों में गई। उसके बाद मैं भारत गई जहां लोगों ने मुझे काफ़ी सम्मान दिया।

प्रसिद्ध लोक गायिका

लोक स्वर ऐसा जिसे सुनते हुए राजस्थान के रेगिस्तान की खुरदराहट और बंजारों की रगों में दौड़ती मस्ती पूरी शिद्दत से महसूस

होती थी। ज्यादातर भारतीयों के लिए रेशमा से परिचय का अर्थ फ़िल्म 'हीरो' के गीत, "चार दिनां दा प्यार हो रब्बा बड़ी लंबी जुदाई" से है, लेकिन रेशमा ने जब-जब और जो भी गाया वह पूरे दिल से गाया। यह बख्शीश लोकगीत से सींचे जाने पर ही मिलती है कि मंदर सप्तक से लेकर तार सप्तक तक रेशमा की आवाज़ में कहीं कोई टूटन नहीं आती। हाय ओ रब्बा नइयो लगदा दिल मेरा.. जैसा गीत गाकर वह हमारे अंदर छिपी हुई शाश्वत उदासी को धीरे-धीरे जगाते हुए मंजे हुए मनोवैज्ञानिक की तरह बाहर ले आती हैं। लोग इसे आज भी याद करते हैं कि पाकिस्तान के ही मशहूर गायक रहे और मेहदी हसन के शिष्य परवेज़ मेहदी के साथ गाया उनका गाना, गोरिए, मैं जाणा परदेस.. में किस तरह रेशमा की सुरीली हूंक परवेज की हरकतों और मुर्कियों पर भारी पड़ी थी। उनकी जवानी से लेकर बुढ़ापे के दौर तक में उनके साक्षात्कारों में एक साफगोई और अविरल विचार प्रवाह हमेशा नजर आया।

उर्दू और पंजाबी के मिश्रण में बात करते हुए रेशमा ने कभी नहीं छुपाया कि वह पढ़ी-लिखी नहीं हैं और भाषा पर उनका कोई अधिकार नहीं है। न रेशमाजी ने वे अदाएं सीखीं जो नए लोग तब भी सीख लेते हैं जब उन्हें संगीत की सही समझ न हो। साक्षात्कार लेने वाले को वह कभी बाबू साहब, कभी बाबू तो कभी बेटा कह कर ही संबोधित करती थीं। भारत का ज़िक्र आते ही वह उस सम्मान के बारे में ज़रूर बात करती थीं जो उन्हें यहां मिला। स्टूडियो में जाने से घबराने वाली रेशमाजी के अनुरोध पर लंबी जुदाई गाना दिलीप कुमार के घर पर रिकॉर्ड हुआ था। वे उन चंद पाकिस्तानी कलाकारों में थीं जिन्हें पाकिस्तान ने समझा और कद्र भी की। यह कहना हालांकि बहुत रवायती होगा, लेकिन सच यही है कि सांस्कृतिक संदर्भो में रेशमा भारत और पाकिस्तान के बीच एक पुल की तरह थीं।

व्यक्तित्व

रेशमा की मखमली **आवाज़** जब फ़िज़ा में गूंजती थी तो थार मरुस्थल का ज़र्रा-ज़र्रा कुंदन सा चमकने लगता। वे राजस्थान के शेखावाटी अंचल के एक गांव में पैदा हुईं थीं लेकिन उनका गायन कभी

सरहद की हदों में नहीं बंधा। रेशमा को जब भी मौका मिला वो राजस्थान आती रहीं और सुरों को अपनी सर-ज़मी पर न्योछावर करती रहीं। लोगों को याद है जब रेशमा को वर्ष 2000 में सरकार ने दावत दी और वो खिंची चली आईं तब उन्होंने ने जयपुर में खुले मंच से अपनी प्रस्तुति दी और फ़िज़ा में अपने गायन का जादू बिखेरा। रेशमा ने न केवल अपना पसंदीदा 'केसरिया बालम पधारो म्हारे देश' सुनाया बल्कि 'लम्बी जुदाई' सुनाकर सुनने वालो को सम्मोहित कर दिया था। इस कार्यक्रम के आयोजन से जुड़े अजय चोपड़ा उन लम्हों को याद कर बताया कि जब रेशमा को दावत दी गई तो वो कनाडा जाने वाली थीं और कहने लगी उनको वीसा मिल गया है। मगर जब उनको अपनी माटी का वास्ता दिया गया तो रेशमा भावुक हो गईं। रेशमा को उनकी माटी के बुलावे का वास्ता दिया वो ठेठ देशी मारवाड़ी लहजे में बोलीं, "अगर माटी बुलाव तो बताओ फेर मैं किया रुक सकू हूं?" ये ऐसा मौका था जब राजस्थान की माटी में पैदा पंडित जसराज, जगजीत सिंह, मेहदी हसन और रेशमा जयपुर में जमा हुए और प्रस्तुति दी। होटल में रेशमा ने राजस्थानी ठंडई की ख्वाहिश ज़ाहिर की तो ठंडई का सामान मंगाया गया और रेशमा ने खुद अपने हाथ से ठंडई बनाई। "रेशमा अपने गांव, माटी और लोगों को याद कर बार-बार जज़्बाती हो जाती थीं। रेशमा ने मंच पर कई बार अपने गांव- देहात और बीते हुए दौर को याद किया और उन रिश्तों को अमिट बताया।"

सम्मान और पुरस्कार

पाकिस्तान के राष्ट्रपति ने उन्हें 'सितारा ए इम्तियाज' और 'लीजेंड्स ऑफ पाकिस्तान' सम्मान प्रदान किया था। उन्हें और भी कई राष्ट्रीय सम्मान मिले थे। भारत और पाकिस्तान के कलाकारों को जब 1980 के दशक में एक दूसरे के यहां अपनी प्रस्तुति देने की अनुमति मिली, रेशमा ने भारत में लाइव परफार्मेन्स दिया था। फ़िल्म निर्माता सुभाष घई ने उनकी आवाज़ को अपनी फ़िल्म 'हीरो' में इस्तेमाल किया था और वह गीत 'लंबी जुदाई' था जिसे आज भी श्रोता पसंद करते हैं। उन्हें तत्कालीन भारतीय प्रधानमंत्री इंदिरा गांधी से मिलने के लिए बुलाया गया था।

निधन

रेशमा का 3 नवम्बर2013 को लाहौर, पाकिस्तान में निधन हो गया। रेशमा को गले का कैंसर था और वह लंबे समय से लाहौर के एक अस्पताल में भर्ती रहीं। रेशमा ने बाद में इसी अस्पताल में अंतिम सांस ली। अस्पताल सूत्रों के मुताबिक़ रेशमा क़रीब एक महीने से कोमा में थीं। बॉलीवुड की फ़िल्म 'हीरो' में उनका गाना 'लंबी जुदाई...' काफ़ी मशहूर हुआ था। 'हीरो' फ़िल्म के निर्देशक सुभाष घई सहित तमाम हस्तियों ने रेशमा के निधन पर शोक जताया। सुभाष घई ने कहा, 'रेशमा जी आज भी हमारे दिल में हैं। मैं जब भी सूफी गानों के बारे में सोचता हूं तो रेशमा जी याद आ आती है।' रेशमा नारी अस्मिता की प्रतीक थी | गरीबी और फटेहाली में भी उनके अंदर की कला ने उन्हे लोक गायन की दुनिया मे बुलंदियों पर पहुंचा दिया | उन्होंने अपनी अस्मिता पूरी दुनिया में स्थापित की |

लेखक की रचनाएं

1. BORDERMAN
2. सीमा प्रहरी
3. आवारा
4. कमीने दोस्त
5. संगिनी
6. काबिल
7. मुक्तिदाता
8. माया
9. चरित्रहीन
10. चक्रव्यूह
11. परिवार
12. प्रेम विवाह
13. वफ़ादार दोस्त
14. जीवन-संघर्ष
15. नारी-शक्ति
16. नारी महिमा
17. अग्निपथ
18. रॉकेट लक्ष्मी
19. अपराध चक्र
20. नारी अस्मिता

लेखक से पत्र व्यवहार का पता : rps1959@gmail.com , मोबाईल नंबर 7000153809

ये सभी उपन्यास Notionpress.com, Amazon.in and Flipcart पर उपलब्ध हैं |

www.ingramcontent.com/pod-product-compliance
Ingram Content Group UK Ltd.
Pitfield, Milton Keynes, MK11 3LW, UK
UKHW040227300826
14791UKWH00001B/27

9 798888 330142